Communiquer avec un proche Alzheimer

Comprendre, déculpabiliser et maintenir un lien

Groupe Eyrolles
61, bd Saint-Germain
75240 Paris Cedex 05

www.editions-eyrolles.com

Avec la collaboration de Cécile Potel

© Groupe Eyrolles, 2013
ISBN : 978-2-212-55597-4

Thierry Rousseau

Communiquer avec un proche Alzheimer

Comprendre, déculpabiliser et maintenir un lien

EYROLLES

**Dans la collection « Les chemins de l'inconscient »,
dirigée par Saverio Tomasella :**
Véronique Berger, *Les Dépendances affectives*
Christine Hardy, Laurence Schifrine, Saverio Tomasella, *Habiter son corps*
Martine Mingant, *Vivre pleinement l'instant*
Gilles Pho, Saverio Tomasella, *Vivre en relation*
Catherine Podguszer, Saverio Tomasella, *Personne n'est parfait !*
Saverio Tomasella,
— *Oser s'aimer*
— *Le Sentiment d'abandon*
— *Les Amours impossibles*
— *Hypersensibles*

**Dans la collection « Communication consciente »,
dirigée par Christophe Carré :**
Christophe Carré,
— *Obtenir sans punir*
— *L'auto-manipulation*
— *Manuel de manipulation à l'usage des gentils*
Nathalie Dedebant, Jean-Louis Muller, Emmanuel Portanéry, Catherine Tournier, *Transformez votre colère en énergie positive*
Florent Fusier, *L'Art de maîtriser sa vie*
Pierre Raynaud, *Arrêter de se faire des films*

Dans la collection « Histoires de divan »
Laurie Hawkes, *Une danse borderline*

Dans la collection « Les chemins spirituels »
Alain Héril, *Le Sourire intérieur*

Table des matières

DEUXIÈME PARTIE

Une prise en charge efficace : des clés pour mieux communiquer

© Groupe Eyrolles

Introduction

La maladie d'Alzheimer génère beaucoup d'angoisses et de craintes. C'est une maladie qui fait peur, en particulier parce qu'elle touche l'homme précisément dans ce qui fait qu'il est homme : ses capacités intellectuelles, ses capacités de communication, ses capacités relationnelles et son comportement.

Depuis longtemps, la psychologie a montré que « l'autre » fonctionne comme un miroir pour ses semblables. Or, l'image que renvoie aux autres le malade Alzheimer est, pour beaucoup, insupportable car c'est l'image symbole de ce qu'ils ne voudraient pas devenir. Il n'est donc alors plus acceptable que « cet autre » soit reconnu comme un semblable. Cette image effraie et, face à l'effroi, la première réaction est bien souvent la fuite ou l'évitement, y compris quand il s'agit du conjoint que l'on aimait pour toutes ces qualités qu'il semble avoir perdues, ou ce père si charmant qui est devenu irritable. Cette peur, ce refus, cet évitement, voire ce rejet face à la différence, sont fréquents et expliquent certaines réactions face aux personnes handicapées, ou même face aux personnes d'une autre couleur, d'une autre culture.

Le malade Alzheimer tient bien souvent des propos qui paraissent incohérents, il a fréquemment un comportement inadapté, voire opposé à celui qu'on lui connaissait. Alors, devant celui que l'on ne reconnaît plus comme conjoint, comme père, comme ami ou simplement comme « semblable », il est fréquent de se dire « je ne veux pas le voir devenir comme ça, ce n'est plus lui, je veux garder l'image de celui qu'il était » ou encore « à quoi bon discuter avec lui qui me parle de choses qui n'ont rien à voir avec la réalité ». Ces propos cachent parfois cette peur inconsciente de l'image que renvoie notre proche touché par la maladie, et qui est le négatif de l'image de l'homme moderne idéal que véhicule notre société : jeune, intelligent, beau, productif.

La médiatisation de la maladie d'Alzheimer est aussi, en partie, responsable de cette peur collective, car en présentant des malades et les effets bien entendu négatifs de la maladie, elle contribue parfois à faire oublier que derrière un malade continue de vivre ou tente d'exister un être humain qui, malgré cette maladie dévastatrice, n'a pas perdu tout ce qui faisait de lui un individu, et en particulier ce conjoint, ce père, cet ami.

Une des conséquences de cette situation est que le malade Alzheimer risque d'être exclu des relations familiales, sociales et de se retrouver isolé, en tout cas mis à l'écart, donc aussi privé de toute stimulation. Or, il a été découvert que les capacités qui ne sont plus sollicitées, chez ces malades en particulier, ont tendance à disparaître plus rapidement. Ce qui revient à dire que tout cela si rien n'est fait, va accélérer le processus pathologique…

Ainsi, cet ouvrage s'emploiera à donner à l'entourage familial et professionnel des malades des outils pour éviter d'arriver à cette

© Groupe Eyrolles

situation qui souvent procède non pas d'une volonté délibérée de rejet, mais d'une impuissance face aux troubles et à la situation qu'ils provoquent.

Il nous aidera aussi à mieux comprendre la maladie, en donnant une autre lecture des symptômes. Car dans bon nombre de cas, ceux-ci peuvent s'expliquer si l'on prend le soin et le temps de les déchiffrer. C'est principalement à travers les capacités de communication que nous allons tenter de guider les personnes qui accompagnent les malades Alzheimer, car il s'agit bien de maintenir ce lien de communication et d'éviter le renoncement des uns et des autres.

Avant cela, il paraît important de donner à chaque aidant les moyens d'analyser sa propre représentation de la maladie d'Alzheimer, car cette représentation va influencer la relation avec le malade, il ne faut pas que la maladie représente une barrière infranchissable ou même une frontière entre deux mondes étrangers.

En tant que clinicien, je suis chaque jour confronté à ces difficultés que rencontrent les aidants naturels et professionnels des personnes atteintes de maladie d'Alzheimer. Ceci m'a amené, en tant que chercheur en psychologie et en orthophonie, à construire et valider des outils d'évaluation et une approche thérapeutique qui donne un rôle essentiel à l'entourage.

Lorsque la maladie d'Alzheimer frappe un individu, c'est tout son entourage qui risque d'être touché et pour longtemps. La médecine n'a pas, à l'heure actuelle, les moyens de guérir les malades atteints d'Alzheimer. Par conséquent, l'objectif va donc être de

3

faire en sorte que l'équilibre du système familial, entre autres, ne soit pas complètement et définitivement rompu. Pour cela il faut que cet entourage s'adapte, intègre les changements inévitables et se dise qu'une vie différente est possible, que les relations avec le malade vont être modifiées mais pas empêchées. Il convient pour cela de ne pas projeter ses propres craintes : bien sûr personne ne souhaite devenir Alzheimer, mais lorsque la maladie est installée, elle ne signifie pas obligatoirement que celui qui en est atteint est en souffrance. Ceux qui souffrent le plus sont bien souvent les proches et c'est aussi leur souffrance que nous voulons atténuer car elle peut être contagieuse.

Dans une première partie, nous rappellerons ce qu'est la maladie d'Alzheimer ainsi que les différents troubles qu'elle génère, en particulier cognitifs et communicationnels, puis nous expliquerons de quelle façon ces troubles peuvent être appréhendés, pour être mieux vécus.

La seconde partie proposera des moyens pratiques dont l'entourage du malade Alzheimer pourra se servir, même s'il n'est pas professionnel, de façon à identifier et évaluer les troubles de la communication en jeu. Cela permettra ensuite la mise en place de conditions favorables à un maintien d'une communication, donc d'un lien avec le malade, et ce jusqu'à un stade très avancé de la maladie. C'est à partir d'exemples concrets que nous décrirons les différents troubles et évoquerons les moyens à mettre en œuvre pour maintenir cette communication.

Elle ne connaît plus le jour qui va
Elle ne sait plus quel âge elle a
Lorsqu'elle entend Marie
Elle sait encore que c'est d'elle qu'il s'agit
Ses mains de couturière, autrefois si habiles
Ne lui permettent même plus aujourd'hui de tenir un fil
Elle ne trouve pas les mots pour dire
Alors elle choisit la colère ou le sourire
Elle se souvient un peu du bon vieux temps
D'ailleurs c'est lui qui remplit le présent
Les plaisirs du moment
Elle ne les garde qu'un court instant
Sa mémoire ne fait plus rien
C'est par hasard si elle retient
Alors elle marche,
Elle marche, elle marche
Elle marche pour ne pas dormir
Elle marche pour ne pas mourir
Elle rit pour ne pas pleurer
Elle crie parce qu'elle n'est plus écoutée
Elle crie mais elle n'est pas entendue
Ses enfants ne sont pas venus
Marie ne s'en aperçoit pas
Ses enfants sont là
Marie ne les reconnaît plus
Ses enfants sont venus
Marie ne s'en souvient pas

Marie n'est déjà plus là
Mais où est-elle ?
Dans un temps où elle est toujours belle ?
Dans les bras de sa maman ?
Dans ceux de son prince charmant ?
Devant celui qui un jour lui a jeté ce regard si inquiétant ?
Elle est dans un monde où son passé rencontre son présent
Elle est dans un monde où ses rêves sont réalité
Elle est dans un monde où ses peurs ne l'ont pas quittée
Elle est dans un autre monde mais Marie ne le sait pas
Elle est dans un autre monde mais elle est encore là
De sa vie, de ses amours, de ses rêves, de ses peurs, Marie n'a pas tout oublié
Mais dans ce miroir ce n'est pas elle qu'elle reconnaît
Tous ces événements du passé lui reviennent en dehors de l'ordre du temps
Ce garçon si gentil, il est venu hier ou il y a cinquante ans ?
Marie ne se demande même pas si elle l'a vu ou s'il elle l'a rêvé
Mais elle sait si elle a souffert ou si elle a aimé
Et Marie reconnaît parmi ceux qui l'entourent
Ceux qui savent encore lui donner de l'amour

Thierry Rousseau

PREMIÈRE PARTIE

Déclin et maladie : le temps des incompréhensions

Il est un temps où nous sommes pleins de vie, d'énergie et où la relation avec notre conjoint, nos parents, nos amis est teintée de joie, de partages heureux. Bien sûr, nous pouvons connaître des crises et des incompréhensions avec nos proches à tout moment, la vie n'est pas un long fleuve tranquille ! Mais cela est d'autant plus fort lorsque nous assistons au déclin de ceux que nous aimons, notamment lorsqu'ils sont touchés par la maladie d'Alzheimer, cette forme de démence difficile à appréhender.

Le mari conquérant que nous avons connu passe désormais le plus clair de son temps dans le canapé, à regarder la télévision. La femme sportive que nous avons épousée peine à présent à se déplacer. La mère attentive qui nous préparait de bons petits plats ne se sent même plus la force d'aller faire le marché. Le père qui nous faisait tant rire ne se souvient plus des chutes de nos blagues préférées. Ainsi, le déclin et la maladie apportent leur lot de tristesse et d'incompréhensions.

Comment faire, alors, pour rester en lien avec ces personnes que nous chérissons ? Pour accepter qu'elles soient désormais autres que celles que nous avons connues ? Lorsque nous sommes confrontés à un proche atteint de la maladie d'Alzheimer, il convient d'abord de comprendre le plus précisément possible les impacts que la pathologie peut avoir sur ses comportements. Et ensuite, de voir ce que nous pouvons faire de ces informations, selon les ressources dont nous disposons, qu'elles soient intérieures ou extérieures.

Un déclin normal
et inévitable

Avant de rentrer dans la pathologie, nous allons analyser les modifications qui se produisent nécessairement avec le temps. Le principal facteur de risque de la maladie d'Alzheimer est l'avancée en âge, il ne faut donc pas confondre le vieillissement normal, assorti de changements, et le vieillissement pathologique qui s'accompagne de troubles. La confusion a été longtemps faite, elle ne doit plus l'être, même si la frontière est parfois mince entre les deux concepts.

Ainsi, penchons-nous d'abord sur les effets que le vieillissement produit sur les capacités intellectuelles, le comportement, la communication et observons quels sont les facteurs qui jouent un rôle dans cet inévitable déclin.

Au ralenti

Des neurones en moins

Avec l'âge, le fonctionnement intellectuel ou cognitif se modifie sous l'effet d'un déclin anatomique et physiologique des personnes. En effet, un adulte perd plusieurs milliers de neurones chaque jour, ce qui n'est pas très grave puisqu'il en possède plusieurs milliards. Cela risque éventuellement d'avoir un retentissement à un âge très avancé et cela explique pourquoi le cerveau d'une personne de 80 ans pèse moins lourd que celui d'une personne de 20 ans. Lorsqu'on prend de l'âge, il se produit surtout des modifications physiologiques qui font que la transmission de l'information d'un neurone à un autre se fait plus lentement, les neurotransmetteurs responsables de cette transmission devenant au fil du temps de moins en moins performants. Il résulte essentiellement de cela un ralentissement général qui s'observe non seulement au niveau moteur, mais aussi au niveau intellectuel. Ainsi, il faut plus de temps à un adulte âgé pour réagir, résoudre un problème, prendre une décision, etc.

Depuis quelque temps, Jeanne a remarqué que sa mère, Clémence, a perdu de sa vivacité. « Ma mère a toujours été hyperactive et si efficace... Un vrai tourbillon ! Pourtant, depuis environ deux ans, je perçois un changement dans son comportement. Elle a restreint ses activités, invoquant qu'elle ne peut plus suivre le mouvement, que ça va trop vite pour elle. Je vois bien qu'elle dit vrai. Quand je viens déjeuner chez elle, ma mère met plus de temps qu'avant à préparer mon plat préféré. Je me demande si c'est normal... J'ai lu des articles sur la maladie d'Alzheimer et je m'inquiète pour elle. »

Jeanne est déstabilisée par les changements qu'elle constate dans l'attitude générale de Clémence, ce qui lui fait craindre une pathologie. Pourtant, Clémence n'a rien perdu de son intelligence et, si elle met plus de temps à cuisiner, elle se souvient sans peine du plat qu'elle préfère ! Il convient de rester prudent quant à nos craintes…

Pas moins intelligent : plus lent !

Cela ne veut pas dire qu'avec l'âge nous devenons moins intelligents, contrairement à ce que l'on a pu penser à une certaine époque où l'on estimait que l'intelligence pouvait se mesurer avec des tests dits unifactoriels, c'est-à-dire reposant sur une seule composante, par exemple le raisonnement. Nous savons aujourd'hui que l'intelligence est la résultante de nombreuses composantes et que les tests qui tentent de la mesurer doivent en tenir compte. On utilise désormais des tests multifactoriels (qui ne sont malgré tout pas exhaustifs en ce sens où ils n'arrivent sans doute pas à prendre en compte toutes ces composantes de l'intelligence, certaines étant d'ailleurs difficilement évaluables). Les études longitudinales qui ont tenté de mesurer l'intelligence de la naissance à la vieillesse, avec les tests unifactoriels, ont généralement constaté une évolution jusqu'à l'adolescence puis un maintien pendant toute la période de l'âge adulte jeune, et moyen avec ensuite une baisse (vers 60 ans) s'accentuant nettement après 75 ans.

Avec l'utilisation des tests multifactoriels, les études montrent des résultats nettement moins systématiques car les effets de l'âge s'avèrent divers selon les différentes fonctions cognitives : la mémoire, l'attention, la résolution de problèmes, le langage. On observe qu'au sein d'une même fonction les effets peuvent être différents, c'est en particulier le cas de la mémoire qui se décline en plusieurs types. Plusieurs processus sont engagés dans les phénomènes de mémorisation et de rappel. On sait par exemple que ce qui est surtout affecté par l'âge, c'est le processus d'encodage des nouvelles informations, c'est-à-dire la transformation d'une perception en une trace mnésique. Quand on est âgé, il faut voir l'information plus longtemps, ou plus souvent, pour la mémoriser.

De fait, Jeanne a également remarqué que Clémence conduisait plus lentement et qu'elle ne sortait plus guère sa voiture que pour effectuer de courts trajets, bien connus. Lorsqu'elle interroge sa mère à ce sujet, Clémence explique clairement le phénomène : « Pour aller à la boulangerie c'est facile, je dois prendre à droite, puis à gauche, contourner le rond-point... Je sais exactement où se trouve l'unique feu sur ce trajet, alors s'il est rouge quand j'arrive, je peux freiner à temps ! Pour aller chez toi c'est autre chose. C'est loin, je ne connais pas bien la route depuis que tu as déménagé, ça me fatigue, tu comprends ? »

Jeanne est rassurée, oui, elle comprend. « Sur la route, il m'est arrivé de me plaindre des personnes âgées qui roulent si lentement... Mais quand j'entends ma mère parler, je comprends mieux. Les petits vieux n'ont plus les mêmes réflexes ni les mêmes capacités et, à la fois, ils ont à cœur de conserver leur autonomie ! »

En revanche la mémorisation d'informations de façon involontaire, on dit implicite, est plus aisée et ce processus subit moins les effets de l'âge. Clémence, par exemple, continue de fredonner les airs, parfois même de chansons récentes, qu'elle entend souvent à la radio.

L'attention, qui également prend plusieurs formes (attention sélective, partagée, préparatoire, prolongée), est très sensible au vieillissement. Lorsque nous lisons un journal, nous mobilisons ces différentes formes d'attention. Par quel article allons-nous commencer (attention sélective) ? Indécis, nous nous référons au sommaire pour arrêter notre choix et nous le lisons d'une certaine façon (attention partagée). Notre choix fait, nous commençons notre lecture avec l'envie d'en retirer des informations (attention préparatoire). Nous lisons l'article avec un degré de concentration variable selon notre fonctionnement, notre âge et divers autres facteurs (attention prolongée). Cette modification de l'attention est visible chez Clémence, qui a d'une part restreint ses abonnements (elle lit moins d'hebdomadaires différents) et d'autre part ralenti son temps de lecture.

Contrairement à l'attention, le langage est nettement moins sensible au vieillissement, en particulier dans son versant réceptif (la compréhension) mais aussi dans son versant expressif : même à un âge très avancé, on peut enrichir son vocabulaire.

En ce qui concerne la résolution de problèmes, les modifications liées à l'âge sont variables. S'il s'agit d'un problème bien défini, c'est-à-dire avec une seule solution envisageable, type problème arithmétique, l'effet de l'âge est indiscutable et d'autant plus marqué que le problème est complexe et demande le recours à certaines stratégies. Ainsi, une personne âgée mettra plus de temps à recompter sa monnaie à la boulangerie, par exemple.

En revanche pour les problèmes mal définis qui font appel à la créativité ou encore la sagesse (intelligence émotionnelle), cela est beaucoup moins net. En effet, que ce soit pour la créativité artistique ou pour la créativité scientifique, de nombreux exemples apportent la preuve que l'âge n'est pas un facteur essentiel : certains artistes ont produit leur meilleure œuvre et certains chercheurs ont obtenu le prix Nobel à des âges parfois très avancés. Quant à la sagesse, il est d'abord assez difficile de la définir, mais on peut légitiment penser qu'elle est le fruit de l'expérience et donc qu'elle bénéficie des effets de l'âge. Il convient malgré tout de relativiser (et c'est aussi cela, la sagesse !) car un facteur est important : la capacité de tirer des leçons des expériences vécues. Certains n'y arrivent jamais, l'âge n'a rien à voir avec l'affaire… On peut penser que la sagesse, c'est aussi prendre du recul par rapport aux événements, prendre conscience de la relativité, accepter qu'un problème n'ait pas forcément de solution. C'est sans doute alors l'apanage de l'avancée en âge et l'on pourrait caricaturer les choses de cette manière : l'adolescent pense que tout problème a une seule solution (et souvent que c'est lui qui la détient !) ; l'adulte jeune pense que tout problème a une solution mais peut convenir que lui ne la détient pas ou qu'un problème peut avoir plusieurs solutions ; et l'adulte plus âgé a pris conscience que tout problème n'a pas obligatoirement de solution.

Communication et audition : des capacités parfois en baisse

Le langage, nous l'avons dit, subit peu les effets du vieillissement, on considère même que la capacité narrative en bénéficie. Malgré tout, la communication d'une personne âgée avec son entourage va subir un certain nombre d'influences, notamment celle de l'image que l'interlocuteur se fait du « vieux ». Lorsque nous sentons l'autre réceptif, nous parlons plus facilement. *A contrario*, si nous percevons que notre interlocuteur est distrait, absent ou qu'il ne nous écoute que d'une oreille, nous aurons tendance à écourter le dialogue… Et ce, quel que soit notre âge ! C'est d'autant plus vrai pour les personnes âgées, qui préfèrent parfois garder le silence face à la gêne de leurs petits-enfants. Se sentir en décalage dans un groupe, quel qu'il soit, n'est pas simple à appréhender, cela entame l'énergie et celle-ci n'est pas inépuisable...

D'autres facteurs vont jouer un rôle dans l'interlocution : des facteurs physiques, notamment la presbyacousie, c'est-à-dire la perte partielle de l'audition, qui est l'équivalent de la presbytie pour l'acuité visuelle et qui va évidemment perturber les échanges.

C'est ce qu'explique Clémence, qui a récemment déserté le club senior auquel elle s'était inscrite quelques années auparavant. « Je ne prenais plus plaisir à y aller, c'était trop compliqué de suivre les conversations ! Même en tendant l'oreille, j'avais toujours un train de retard. J'entendais bien Gilles, qui a une voix forte, mais pas Mireille ou Jean-Paul qui parlent doucement. J'en ai eu marre de les faire répéter à chaque fois, ce n'était agréable ni pour eux ni pour moi, alors j'ai préféré renoncer... »

Comme nous le voyons à travers la réflexion de Clémence, une baisse des capacités auditives entraîne fréquemment un repli sur soi et un isolement de la personne âgée.

Des études récentes ont même montré un facteur de risque supplémentaire de développer une maladie d'Alzheimer chez les individus presbyacousiques[1].

Parmi les autres modifications physiques importantes pouvant jouer un rôle dans le déclin, on peut souligner les effets secondaires des traitements médicaux, des éventuelles troubles neurovasculaires, ainsi qu'un affaiblissement des capacités à mémoriser.

Qui s'isole décline

Le contexte social influence ainsi l'isolement : l'éloignement des enfants, la perte du conjoint, d'amis proches mais aussi le statut

---

1. Pouchain, D., Dupuy, C., San Jullian, M., Dumas, S., Vogel, M.F., Hamdaoui, L., Vergnon, L. (2007), « La presbyacousie est-elle un facteur de risque de démence ? », Étude Acoudem GRAP, *La revue de gériatrie*, 32, 6, 439-445.

social que pense avoir la personne âgée, au-delà de celui qu'on lui réserve réellement, peuvent conduire à un sentiment de solitude ou à un retrait de la vie sociale. Des facteurs psychologiques (dépression, restriction des centres d'intérêt), en lien ou pas avec ces différents contextes, risquent également de jouer un rôle.

Des interactions limitées

Il convient d'évoquer d'abord le statut de la personne âgée qui, dans nos sociétés actuelles, est souvent inexistant. En particulier, le départ à la retraite s'accompagne de la perte du statut autour duquel, fréquemment, la personne a organisé sa vie voire construit son identité. Du jour au lendemain, le statut professionnel n'est plus. Pour certains, cela peut conduire à une véritable mort sociale.

Le devenir du couple âgé est également important puisque, forcément, à un moment donné le couple n'existera plus, brouillant ainsi considérablement les données socio-familiales. Mais avant cela, d'autres difficultés peuvent perturber les relations sociales. Parfois, les deux partenaires vont se retrouver en permanence ensemble, dans un lieu commun, sans beaucoup d'activités mais jouissant de beaucoup de temps, cette situation complètement nouvelle peut s'avérer déstabilisante. Les conflits peuvent apparaître, et s'ils sont souvent cachés aux yeux des autres, ils sont néanmoins susceptibles de conduire à des situations perturbatrices voire graves. « Je l'ai épousé pour le meilleur et pour le pire, pas pour le déjeuner » résume ce que peuvent parfois penser des couples qui se retrouvent ensemble du matin au soir, alors que, durant leur vie professionnelle, ce n'était que du soir au matin.

L'éloignement des enfants, la diminution du réseau social du fait de la disparition d'amis sont par ailleurs des facteurs qui vont amplifier le sentiment de solitude souvent très présent chez les personnes âgées, en particulier en cas d'institutionnalisation, ou même simplement en cas de changement de lieu de vie. Encore une fois, ce qui est vrai pour tout individu l'est pour toute personne âgée ! Le changement n'est pas simple à appréhender, il peut être source d'angoisses, surtout chez les personnes sensibles. Lorsque les changements s'enchaînent et qu'ils sont marqués par des sentiments négatifs, ils sont d'autant plus difficiles à vivre. Ainsi, le travail de deuil à accomplir sera de plus en plus fréquent et les situations de deuil (perte d'un être cher mais aussi d'une fonction, d'une capacité, etc.) se multiplieront inévitablement avec l'avancée en âge, ce qui accroît bien sûr le risque d'un deuil pathologique (qui se traduit par une dépression majeure et de longue durée, des délires, des hallucinations, une culpabilité démesurée).

Tous ces facteurs liés au contexte social auront une influence sur les interactions possibles des personnes âgées avec leur cercle social, et sur leur envie, voire leurs possibilités de communiquer. Ainsi, en tant que membre de l'entourage d'une personne âgée, nous nous devons de prendre en compte toutes ces données.

C'était le bon temps...

Des modifications cognitives, nous l'avons vu, accompagnent le vieillissement, en particulier au niveau de la mémoire. La mémoire ancienne est généralement bien préservée alors que l'encodage des nouvelles informations est plus difficile : pour cette raison la personne âgée aura tendance à préférer les thématiques de discussions en lien avec son passé qui, de plus, est idéalisé car lié à un temps où elle était jeune, pleine d'avenir et de projets.

Des modifications affectives, dans le sens d'une plus grande indifférence, sont aussi à prendre en compte. Il ne s'agit pas d'égoïsme, mais plutôt de ce que l'on pourrait résumer en se référant à ce qu'un artiste chantait : « Je veux mourir malheureux pour ne rien regretter. » En quelque sorte il s'agit de la préparation à la séparation définitive.

Une évolution restrictive des centres d'intérêt est aussi une composante habituelle du vieillissement et, dans un certain nombre de cas, le centre d'intérêt principal de la personne âgée est elle-même, notamment ses problèmes de santé, ce qui là encore influencera les échanges.

Si Jeanne continue d'aller voir régulièrement sa mère, son frère Mathieu avoue ne plus en avoir très envie. « J'aime ma mère, mais à chaque fois que je lui rends visite, je déprime pendant des jours ! Avant nous échangions sur des tas de sujets, l'actualité, la musique, le cinéma. Aujourd'hui elle passe son temps à se plaindre. Sa jambe qui la fait souffrir, sa vue qui baisse... Sans compter que je ne parle pas assez fort et qu'elle me fait répéter un mot sur deux. J'ai ma vie à gérer, si en plus je dois passer mes dimanches à écouter des choses déprimantes, je ne m'en sors plus ! »

La vision que Mathieu a de sa mère traduit bien le repli sur soi que vivent souvent les personnes âgées. Il est important de comprendre que cette forme d'égocentrisme qu'il décrit est liée soit à l'angoisse (de mort), soit à la volonté de rester sur un sujet encore à peu près bien maîtrisé et connu : soi-même.

Par extension, cette angoisse peut évidemment avoir des effets défavorables comme la peur des nouveautés, l'autoritarisme, ou encore une tentative d'imposer les règles du jeu relationnel, mais aussi des effets plus favorables comme une dispersion intellectuelle moindre, une meilleure capacité de synthèse, l'assurance du jugement, les données de l'expérience, etc.

──── Quelques conseils pour Mathieu... ────

* Il convient de préciser que, au-delà de toutes ces modifications liées à l'âge voire même à une possible pathologie, la personne âgée reste une personne avec un vécu, une histoire de vie qui, même si elle est simple et banale, est malgré tout unique.

* Ainsi, pour aider Mathieu à mieux être en relation avec sa mère, aujourd'hui, nous pourrions lui conseiller de porter un regard différent sur la situation. Plutôt que de se focaliser sur les changements négatifs, il peut se dire que communiquer avec sa mère est l'opportunité d'en apprendre davantage sur son passé, de bénéficier de son expérience de vie et de comprendre ce qu'elle traverse en vieillissant. Cela présuppose qu'il accepte les différences inévitables dans la façon d'aborder et de percevoir les choses. Cela nécessite aussi qu'il s'adapte à cette mère devenue « différente » qui a peut-être d'autres valeurs, d'autres priorités.

* En somme, nous pouvons suggérer à Mathieu de mettre de côté ses a priori et d'évacuer l'idée que, parce que Clémence est vieille, elle est « hors du coup », qu'elle ne peut rien lui apporter ou lui apprendre et que c'est forcément lui qui a raison.

* Plus concrètement, afin que Mathieu prenne de nouveau plaisir à aller voir sa mère, nous pouvons lui conseiller :

• d'adapter sa communication aux capacités visuelles, auditives et langagières de Clémence ;

• de tenir compte de ses comportements non verbaux ;

• de renforcer le feed-back, de lui montrer que sa parole est écoutée ;

• de tenir compte de la durée et du moment de la conversation, c'est-à-dire aussi du degré de fatigue de sa mère ;

• d'accepter une discussion parfois orientée vers des thèmes spécifiques, même s'ils ne l'intéressent a priori pas plus que cela (passé, santé, mort...), en se souvenant que ce besoin reflète un désir d'évoquer un temps plus glorieux ou une angoisse ;

• de développer l'empathie et la chaleur, en valorisant notamment le discours tenu par Clémence.

Plus on en fait, mieux on se porte !

De nombreuses études ont montré la grande variabilité interindividuelle et l'influence de divers facteurs sur le vieillissement ou, *a contrario*, son retard.

Le cerveau est une structure qui se « construit » grâce aux activités intellectuelles qui permettent d'activer des connexions entre les neurones, on parle pour l'évoquer de plasticité cérébrale. C'est pendant l'enfance que cette plasticité est à son apogée. Par conséquent, plus on a activé de régions cérébrales en les stimulant pendant l'enfance (par un apprentissage riche), plus le cerveau mettra en place, lorsque l'âge commencera son œuvre de démolition, des processus de compensation cérébrale.

En effet, notre réserve cognitive fait que si l'on a acquis beaucoup de connaissances ou de mécanismes, il en restera toujours plus lorsque l'on commencera à l'épuiser. C'est le principe de la faillite : un individu peu fortuné sera pauvre bien avant celui qui dispose d'une plus grande fortune. Le niveau scolaire n'est pas le seul facteur à prendre en compte car, même si c'est durant l'enfance que les possibilités de développement sont les plus grandes, à tous les âges la plasticité cérébrale peut être sollicitée. Par conséquent, des facteurs comme le style de vie (loisirs) et les activités professionnelles joueront également un rôle. De la même manière, le niveau d'expertise acquis dans un domaine est un élément important car on conserve plus longtemps les capacités qui ont été hyper-développées. Parmi les éléments qui peuvent atténuer les effets négatifs du vieillissement sur le fonctionnement intellectuel, il faut citer l'entraînement cognitif, même si la prudence à ce niveau s'impose. En effet, cet entraînement n'a pas d'effet « généralisateur » : si nous entraînons nos performances en calcul mental, nous allons rester bons dans cette discipline mais nous ne pouvons espérer que toutes les autres fonctions en bénéficieront.

La condition physique est aussi un élément important, le lien entre le corps et l'esprit est certain et entretenir une activité physique tout au long de sa vie se révèle bénéfique à la fois pour la santé physique et intellectuelle.

Si vieillir entraîne des modifications du fonctionnement intellectuel, on ne devient pas pour autant obligatoirement « gâteux » comme on le pensait à une certaine époque où l'on parlait de démence sénile, ce qui sous-entendait qu'avec l'âge il était quasiment normal de ne plus avoir « toute sa tête ». Nous n'en sommes plus là, la différence est désormais davantage comprise entre le vieillissement normal, accompagné de changements physiques, psychologiques, cognitifs, et le vieillissement pathologique, qui cette fois s'accompagne d'une maladie que l'on identifie de mieux, en mieux même si la frontière entre le normal et le pathologique est parfois difficile à définir.

Quand le vieillissement devient pathologique...

La maladie d'Alzheimer, tout comme d'autres formes de démences, se situe dans le champ du vieillissement pathologique. Si elle présente des similitudes au niveau des changements liés à l'âge de la personne, elle se caractérise aussi par des différences subtiles ou évidentes, selon le stade de la maladie.

Mais au fait, qu'est-ce exactement que la maladie d'Alzheimer ? Comment se manifeste-t-elle et quels impacts a-t-elle sur nous ou nos proches ? Quelles sont les origines de cette maladie ? Qui touche-t-elle, à quels âges ? Comment la diagnostiquer ? Voici autant de questions auxquelles il convient de répondre pour y voir plus clair.

Qu'est-ce que la maladie d'Alzheimer ?

Même si l'on en parle davantage depuis les deux dernières décennies, la maladie d'Alzheimer est connue depuis qu'un neuropathologiste allemand du nom d'Aloïs Alzheimer a décrit, en 1906, les symptômes comportementaux et les modifications anatomiques du cerveau d'une de ses patientes, Mme Auguste D.

Depuis et pendant longtemps, on ne parlait de maladie d'Alzheimer que pour désigner les démences pré-séniles, c'est-à-dire survenues avant l'âge de 65 ans. Pour les autres on parlait de démences séniles avec l'idée que ces troubles comportementaux étaient « normaux » compte tenu de l'âge des personnes atteintes. On s'est ensuite aperçu que les modifications neurologiques observées dans les démences séniles et pré-séniles étaient identiques, que la démence sénile était en fait la même maladie d'apparition tardive et l'on a rassemblé les deux entités sous le vocable « démence de type Alzheimer ». Aujourd'hui, on revient au terme initial de maladie d'Alzheimer, sans distinguer les formes d'apparition précoce et tardive.

Démence et folie, comment les distinguer ?

Nous confondons parfois, à tort, démence et folie, ou maladie psychiatrique. Il convient de les distinguer.

La démence sous-entend une atteinte organique, cérébrale soit d'origine dégénérative (des zones de notre cerveau meurent sans que l'on connaisse précisément ce qui a déclenché le processus - que l'on connaît en revanche) ; soit d'origine vasculaire (interruptions de la circulation sanguine dans un ou plusieurs vaisseaux à répétition, touchant progressivement toutes les zones cérébrales) ; soit encore d'origine mixte (dégénérative et vasculaire). Ce n'est pas le cas des maladies d'origine psychiatrique. Il existe aussi des démences

••••\••••

...•...\•...

dites secondaires, que l'on nomme ainsi lorsqu'une autre maladie clairement identifiée est à l'origine du syndrome démentiel : tumeur cérébrale, traumatisme crânien, problèmes toxiques (alcoolisme, médicaments, etc.), endocriniens (dysthyroïdie), infectieux (maladie de Creutzfeldt-Jakob), carentiels (insuffisance en certaines vitamines).

En termes de symptômes, les critères retenus pour parler de démence sont les suivants :

– affaiblissement intellectuel progressif et a priori irréversible ;

– retentissement des troubles sur la vie professionnelle, sociale, familiale ;

– présence de troubles de la mémoire qui ne sont pas forcément inauguraux mais présents à un moment donné de l'évolution ;

– atteinte également à un certain stade d'une ou plusieurs autres fonctions cognitives (jugement, langage, capacités à reconnaître les choses, à exécuter des gestes...).

Un diagnostic difficile à établir

Le diagnostic de maladie d'Alzheimer est encore aujourd'hui difficile à établir, malgré les avancées technologiques et médicales. Les cliniciens se basent actuellement sur les résultats d'imagerie, les examens biologiques, ainsi que les tests d'évaluation de la cognition.

L'IRM permet d'éliminer l'hypothèse d'autres atteintes cérébrales qui pourraient être en cause (tumeur, problème vasculaire, par exemple). Elle permet également, désormais, de visualiser plus précisément certaines structures comme l'hippocampe (contenu dans notre cerveau), dont l'atrophie est un signe révélateur de la maladie d'Alzheimer.

Les examens biologiques sont indispensables pour éliminer d'autres causes de démence et les progrès réalisés dans la compréhension des mécanismes biologiques de la maladie ont permis d'identifier des marqueurs biologiques de la pathologie, en particulier les protéines Tau dans le liquide céphalo-rachidien. Cependant, ces biomarqueurs restent insuffisants pour établir le diagnostic différentiel de la maladie d'Alzheimer, avec un autre syndrome démentiel.

L'évaluation des capacités cognitives, quant à elle, permet d'une part de dire s'il existe un syndrome démentiel et si, d'autre part, le profil dégagé correspond à celui d'une maladie d'Alzheimer ou à celui d'une autre démence[1].

Une maladie aux origines incertaines

La cause de la maladie d'Alzheimer reste actuellement méconnue. Elle est dans la grande majorité des cas (90 %) dite sporadique, c'est-à-dire qu'elle touche un individu sans que l'on puisse identifier un facteur particulier de déclenchement du processus. Il existe cependant des formes dites familiales rares (de nombreuses études ont démontré un risque plus élevé d'être atteint si un parent est lui-même déjà touché) liées à une mutation ou à une susceptibilité génétique. La forme véritablement héréditaire de la maladie semble représentée dans moins de 1 % des cas de maladie.

---

1. La Haute autorité de santé (HAS), dans la cadre des recommandations qu'elle propose aux professionnels de santé, a défini un protocole pour le diagnostic de la maladie d'Alzheimer (voir le carnet d'adresses, page 173).

Par ailleurs, des études longitudinales ont montré l'influence de facteurs de risque tels que l'âge, le sexe (les femmes seraient plus exposées), l'absence d'activités de loisir, la présence d'aluminium dans l'eau des boissons, et aussi de facteurs « protecteurs », comme un niveau d'études élevé, une vie en couple, une consommation modérée de vin, un porteur de « bon » cholestérol (HDL).

Une étude américaine récente[1] a mis en avant des facteurs de risque supposés de la maladie d'Alzheimer liés au style de vie. Ces facteurs contribueraient à près de la moitié des cas détectés dans le monde. Arrive, en tête de ces facteurs, le faible niveau d'instruction, suivi par le tabagisme, l'inactivité physique, la dépression, l'hypertension, l'obésité et le diabète.

Il convient bien sûr de prendre en considération l'influence de ces facteurs avec prudence : on peut cumuler les facteurs de risque et ne jamais rencontrer Alzheimer ou inversement.

---

1. Barnes, D.E., Yaffe, K. (2011), « The projected effect of risk factor reduction on Alzheimer's disease prevalence », *The Lancet Neurology*, 10, 9, 819–828.

Quelques chiffres...

Qui la maladie d'Alzheimer touche-t-elle et dans quelles proportions ?

L'allongement de la durée de vie est, sans nul doute, ce qui explique le nombre croissant des patients atteints de maladie d'Alzheimer. En effet, plus on avance en âge, plus le risque que l'on développe cette maladie s'accroît. L'incidence de la maladie d'Alzheimer double tous les 5 ans à partir de 60 ans, atteignant un risque de développement de 12 % par an entre 80 et 84 ans. La maladie d'Alzheimer ne touche que 1 à 2 % des personnes âgées de 60 à 64 ans, mais entre 24 et 33 % des sujets âgés de plus de 85 ans. Or, à l'échelon mondial, on prévoit que le nombre des plus de 60 ans sera multiplié par 5 entre 1950 et 2015 et celui des plus de 80 ans par 7 au cours de la même période.

En France...

Les données récentes conduisent à estimer à 850 000 le nombre de personnes de plus de 65 ans atteintes de démence en France métropolitaine et à 225 000 le nombre de nouveaux cas annuels. La maladie d'Alzheimer regroupe 70 % à 80 % des causes de démence, soit entre 600 000 et 680 000 malades. Le nombre de malades risque de continuer à s'accroître, compte tenu du vieillissement de la population.

Après 75 ans, les proportions sont de 13,2 % d'hommes malades et de 20,5 % de femmes, ceci en grande partie parce que l'espérance de vie des femmes est nettement supérieure à celle des hommes – mais ce ne serait pas le seul facteur.

60 % des sujets vivent chez eux, à la charge de leurs familles.

La dépense moyenne pour la prise en charge d'un patient est de 22 000 euros par an, soit une charge annuelle de 10 milliards d'euros (50 % à la charge de l'État, 50 % à la charge des familles). 75 % des dépenses sont représentées par des dépenses médico-sociales, 25 % par des dépenses médicales.

•••\•••

...\...

... Et dans le monde ?

À l'échelon mondial plus de 25 millions de personnes souffrent actuellement de la maladie d'Alzheimer et on estime que le vieillissement de la population devrait faire quadrupler le nombre de personnes atteintes d'ici à 2050 où, alors, une personne sur 85 devrait souffrir de cette affection. L'Asie devrait subir la plus forte augmentation de cas.

Ces données ne sont que des estimations car, y compris en France, tous les cas de maladie d'Alzheimer ne sont pas diagnostiqués, pour diverses raisons (parfois le déni de la maladie). Ailleurs cette pathologie ne représente pas une priorité de santé majeure, car d'autres causes prévalent.

Hétérogénéité et diversité des troubles

Les troubles cognitifs, du comportement et de la communication sont bien entendu les « marqueurs » essentiels de la maladie d'Alzheimer. Ainsi, il est humain que nous nous inquiétions lorsque nous percevons chez nous ou chez une personne de notre entourage un changement important de rythme, d'attitude ou de façon de s'exprimer. Il est donc prudent de souligner la grande hétérogénéité des troubles observés.

Cette hétérogénéité est d'abord interindividuelle, c'est-à-dire que chaque malade présente un profil particulier qui tient compte de nombreux facteurs, en particulier de sa personnalité antérieure, de sa façon de réagir à la situation, de son entourage, de son lieu de vie, etc. Si notre grand-oncle a toujours été autoritaire, il y a de fortes chances qu'il le reste une fois malade ! La maladie d'Alzheimer ne balaie pas tout sur son passage, des facteurs qui étaient présents avant l'installation de la maladie peuvent continuer

33

à avoir une influence. Par exemple, en provoquant des réactions et des comportements chez celui qui est devenu malade, mais qui n'en reste pas moins un être humain avec ses caractéristiques propres, son identité, etc.

L'hétérogénéité est aussi intra-individuelle, c'est-à-dire que l'atteinte des fonctions sera différente selon le stade d'évolution de la maladie, et le profil présenté par un malade au début sera évidemment très différent de ce qu'il sera quelques années plus tard.

La maladie d'Alzheimer touche donc progressivement toutes les fonctions intellectuelles ou fonctions cognitives à des degrés divers et de façon variable selon les individus, ainsi que le stade d'évolution de la maladie.

Des mémoires défaillantes

Plutôt que le singulier, il convient d'employer le pluriel pour décrire les défaillances observées chez un malade Alzheimer, en termes de mémoires, car il existe plusieurs types de mémoires et donc des atteintes différentes.

Mémoire épisodique

Chez le malade Alzheimer, la mémoire qui est touchée en premier est la mémoire dite épisodique, notamment parce que l'hippocampe est très impliqué dans son fonctionnement. La mémoire épisodique, qui est une mémoire à long terme, est celle qui permet d'associer un souvenir, une information, à son contexte notamment temporel. C'est donc en particulier le siège de notre mémoire autobiographique qui, par exemple lorsque nous évoquons un souvenir d'enfance, nous permet de savoir que c'était il y a longtemps, ou lorsque nous croisons un ami, de nous rappeler à quelle occasion nous avons fait sa connaissance, etc. Cette mémoire permet aussi de nous rappeler ce que nous faisions lorsque nous avons appris une nouvelle importante, par exemple le jour où nous avons été informés de l'attentat du World Trade Center.

On parle, dans cette altération de la mémoire épisodique, d'une amnésie de la source qui fait qu'une personne atteinte d'Alzheimer vit désormais dans un monde particulier qui mélange sans discernement le passé, le présent et parfois l'imaginaire. Dans ce contexte particulier dans lequel elle reçoit les informations, son discours et ses comportements peuvent « devenir » cohérents si nous tenons compte de ce contexte particulier.

La mémoire épisodique n'est pas la mémoire sémantique !

Il convient de différencier la mémoire épisodique de la mémoire sémantique, celle de toutes les connaissances que nous avons acquises mais dont nous ignorons l'origine, dont nous ignorons quand, où et par qui nous les avons reçues. Par exemple, nous avons appris que la Révolution française a débuté le 14 juillet 1789 par la prise de la Bastille, mais... qui nous a donné cette information ? quand ?

La mémoire sémantique subira les effets de la maladie de façon variable, car les connaissances stockées en profondeur, comme le vocabulaire professionnel, seront retrouvées plus facilement. Il existe cependant aussi une forme de démence qui touche spécifiquement cette mémoire : la démence sémantique.

Un disque dur opérationnel, mais plus de mémoire vive...

Dans le processus mnésique, la composante qui est surtout touchée dans la maladie d'Alzheimer est l'encodage. Lorsqu'une information arrive, sous forme d'une perception auditive, visuelle ou autre, elle passe dans ce que l'on appelle la mémoire à court terme (composée d'une mémoire de travail et d'une mémoire sensorielle) qui est une structure de stockage temporaire de l'information à l'état brut et de traitement de cette information.

La mémoire à court terme est de capacité limitée, c'est-à-dire qu'elle ne peut stocker que peu d'informations (7 plus ou moins 2, selon les individus) pendant un temps limité (quelques dizaines de secondes). Ensuite l'information est oubliée si elle n'est pas jugée pertinente, intéressante ou, dans le cas contraire, elle est stockée en mémoire à long terme pour y être gardée un temps indéterminé. Ce stockage se fait après un encodage, un processus neurobiologique qui transforme une perception en une trace mnésique. C'est le principe de l'ordinateur : la mémoire à court terme, c'est ce qui se passe sur l'écran, c'est-à-dire la mémoire vive ; la mémoire à long terme, c'est le disque dur. Pour l'ordinateur, le stockage se fait après transformation sous forme d'un système binaire, c'est l'encodage.

Une personne malade Alzheimer a des difficultés et progressivement une impossibilité à encoder une nouvelle information, ce qui fait que cette information va arriver en mémoire à court terme, traitée (en particulier par la mémoire de travail) mais oubliée au bout de quelques secondes, puisqu'elle ne peut plus être encodée. Si l'on raisonne en termes d'informatique, l'information ne sera jamais enregistrée dans un répertoire du disque dur. Là encore, cela explique un certain nombre de comportements du malade : il se souvient d'événements très anciens, paradoxalement sa femme est venue ce matin et il dit ne pas l'avoir vue depuis longtemps... Pourquoi ? A-t-il une mémoire sélective ? Non, les événements anciens ont été encodés et sont stockés depuis longtemps et peuvent être remémorés notamment sous la pression d'un stimulus du présent sans qu'ils puissent être « datés » (selon l'atteinte de la mémoire épisodique). En revanche, l'information « sa femme est venue ce matin » n'a pas été encodée, donc elle n'est pas stockée, et le souvenir n'existe pas.

La mémoire de travail sera elle-même moins performante avec, en particulier, une difficulté à traiter plusieurs informations en même temps et à sélectionner les informations pertinentes par rapport à celles qui ne le sont pas.

Mémoire des savoir-faire

En revanche, la mémoire implicite, et plus spécifiquement la mémoire procédurale, c'est-à-dire celle des savoir-faire, est plus longtemps préservée à la fois dans le rappel des informations et aussi dans la mémorisation de nouvelles informations. Par exemple, les habitudes gestuelles, notamment celles beaucoup entraînées (faire du vélo, utiliser un rasoir, etc.), pourront être longtemps opérationnelles.

Fig. I-1. Modèle du fonctionnement mnésique et différentes mémoires

Les mémoires

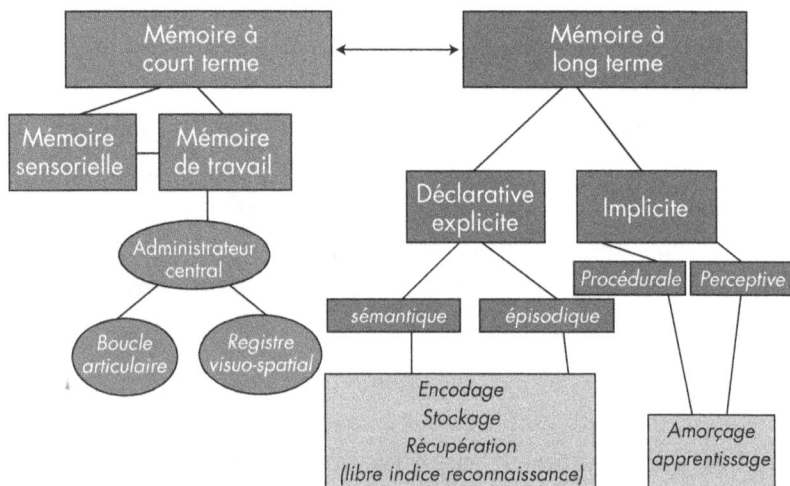

Quand la boussole se dégrade...

Ces troubles cognitifs vont avoir un certain nombre de conséquences sur le comportement des malades Alzheimer.

Difficulté à reconnaître et à manipuler des objets

Il s'agit de « l'atteinte perceptivo-motrice », c'est-à-dire une atteinte des capacités à reconnaître des objets, alors que les fonctions sensorielles (vision, audition, toucher, etc.) sont normales. Nous pouvons alors parler d'agnosie, laquelle peut aller jusqu'à l'impossibilité à reconnaître des visages (prosopagnosie).

Dans cette atteinte perceptivo-motrice, nous allons aussi trouver des apraxies[1], c'est-à-dire la difficulté à effectuer des gestes et/ou à manipuler des objets, sans que les fonctions motrices ou sensorielles soient atteintes.

Ces troubles sont très déstabilisants pour l'entourage, qui a du mal à comprendre pourquoi ce père ne reconnaît plus ses enfants, ou encore pourquoi cette ancienne cuisinière, si habile de ses mains autrefois, n'est même plus capable d'utiliser une fourchette.

Difficulté à « programmer », troubles de l'inhibition et de la flexibilité

Il s'agit de l'atteinte des fonctions exécutives, qui correspond à une perturbation de la zone frontale du cerveau. Elle se traduit par des troubles de l'initiation verbale et motrice, c'est-à-dire que la personne malade n'aura plus la capacité de programmer un

---

1. Il existe plusieurs formes d'apraxie. Globalement on peut dire que c'est une difficulté à se représenter (mentalement), les gestes à réaliser, soit avec des objets (apraxie idéatoire), soit pour répondre à une demande ou lorsque le malade souhaite imiter les personnes autour de lui (apraxie idéomotrice).

comportement verbal, comme entamer ou même simplement participer à une discussion, ou encore de programmer un comportement moteur, comme se décider à se lever pour quitter la table à manger, ou son lit. De l'extérieur, cela donne l'impression que la personne est devenue totalement apathique.

Nous notons aussi une atteinte de la pensée abstraite avec, par exemple, des difficultés à résoudre des problèmes simples, non seulement arithmétiques mais qui concernent aussi la vie quotidienne.

Ce qui est sans doute le plus marquant, et même le plus perturbant pour l'entourage, ce sont les troubles des capacités d'inhibition et de flexibilité mentale, c'est-à-dire la difficulté à inhiber un comportement automatique au profit d'un comportement volontaire. On imagine volontiers ce que cela peut être en particulier dans la vie de tous les jours. Si chacun d'entre nous, en règle générale, se tient à peu près correctement, c'est que son éducation lui a appris à refouler ses instincts au profit de comportements qui permettent une vie en société et qui font aussi que la plupart des gens essaient de présenter d'eux une image qu'ils veulent la meilleure, en tout cas qui corresponde aux valeurs qu'on leur a inculquées. Avec la maladie et cette atteinte frontale, la personne ne réprime plus ses comportements automatiques, instinctifs, ce qui peut se traduire notamment par une désinhibition sexuelle évidemment très choquante.

Troubles du comportement

Les troubles du comportement que l'on peut rencontrer chez les malades Alzheimer sont nombreux et très variables selon les personnes. Il convient de préciser que ces troubles sont d'origines diverses. Certains sont sans aucun doute liés à la maladie et à ses perturbations neurologiques, d'autres sont réactionnels à la maladie ou encore à un environnement jugé (avec les moyens qui sont désormais les siens) inadéquat par le malade. Le malade vit dans un autre monde sans en avoir conscience, il va donc réagir en fonction de cette situation. Par ailleurs, le comportement de l'entourage n'est quelquefois pas celui qu'attendait le malade. Ce comportement guidé par la considération « il est Alzheimer, donc... » est susceptible d'orienter l'attitude de l'entourage dans un sens qui peut perturber le malade. Comme celui-ci n'a plus forcément les moyens langagiers d'exprimer son ressenti, voire son mal-être, il peut alors le faire avec des moyens plus archaïques, avec des gestes. Il faut peut-être alors voir ce que l'on qualifie quelquefois un peu trop rapidement de troubles du comportement comme des moyens de communication.

Comment évolue la maladie ?

La maladie d'Alzheimer est d'évolution lente, en moyenne une dizaine d'années, avec des variations individuelles importantes. Globalement, nous notons trois stades : l'atteinte légère, l'atteinte moyenne et l'atteinte profonde. Cela dit, il est impossible de déterminer combien de temps un malade Alzheimer restera à un stade donné. Certains garderont des capacités satisfaisantes assez longtemps, restant plusieurs années au stade d'atteinte légère, d'autres deviendront beaucoup plus rapidement dépendants. Il est parfois possible d'identifier des facteurs qui vont précipiter les choses, d'autres fois non.

Un premier stade

Il existe un premier stade, qui n'est d'ailleurs pas forcément un stade de la maladie, que les professionnels appellent le *Mild cognitive impairement* (MCI) et qui concerne des personnes venant consulter pour un léger déclin cognitif, notamment des troubles de la mémoire. Les examens montreront des performances mnésiques abaissées par rapport aux normes ajustées sur l'âge. La question sera alors : est-ce une phase précoce de la maladie d'Alzheimer ou un vieillissement normal exacerbé par des facteurs physiques, psychologiques, etc. ? En l'absence de marqueurs biologiques fiables, seul le suivi dans le temps permettra de donner une réponse. Une réévaluation pratiquée six mois à un an plus tard déterminera soit une stagnation, voire une amélioration (donc pas de maladie), soit une poursuite de la dégradation (avec un risque de pathologie plus net). Il faut bien reconnaître que la majorité des personnes qui viennent consulter le font alors que les troubles de la mémoire évoluent déjà depuis un certain temps (une étude avait montré depuis en moyenne trois années).

Déboussolé

Comme nous l'avons vu au chapitre précédent, la maladie d'Alzheimer produit lentement mais sûrement une altération des fonctions cognitives et langagières chez la personne touchée. De l'extérieur, le malade Alzheimer semble déboussolé, incohérent. Mais comment cela se traduit-il concrètement ? Comment le malade vit-il sa dégradation ? En est-il conscient, et à quels stades de sa maladie ?

Afin de mieux cerner les impacts que provoque la maladie d'Alzheimer chez la personne touchée, nous allons regarder ce qui se passe de l'autre côté du miroir…

Hors contexte

Lorsqu'un de nos proches est touché par la maladie d'Alzheimer, il a de gros troubles de la mémoire épisodique. Il reçoit une information et l'actualise (cela peut être un souvenir par exemple) parce qu'un élément du présent le lui rappelle, mais il n'a plus la possibilité de replacer cette information dans son contexte.

Ainsi, Jean regarde une photo qui lui rappelle son mariage, sans pouvoir dire si cet événement majeur s'est déroulé il y a 50 ans ou quelques jours plus tôt seulement. Dans quelques semaines, mois, années, il ne se posera même plus la question : toutes les informations seront traitées au même niveau, à l'instant présent.

Il va donc y avoir interférence entre des éléments du présent, qui servent de stimulus, et des informations très anciennes, qui sont réactivées mais traitées de la même manière, sur le même plan. C'est ce qui explique qu'un événement très ancien peut être (re)vécu avec les mêmes émotions que lorsqu'il s'est réellement produit. C'est aussi la raison pour laquelle une personne du présent peut se voir attribuer une place particulière dans la vie du malade, à cause de ces interférences entre le passé et le présent.

Margaret, entrée depuis peu en clinique, se prend d'affection pour Clara, une jeune aide-soignante. Elle lui sourit, lui parle et lui caresse les mains à chaque fois qu'elle la voit, ce qui surprend un peu Clara… En effet, Margaret se montre indifférente au reste de l'équipe. En l'écoutant parler, Clara comprend que Margaret l'a associée à son amie d'enfance, une personne qui a marqué sa vie de façon positive.

Les choses peuvent même aller plus loin encore, car les souvenirs qui seront éventuellement réactualisés sont issus du vécu mais aussi de l'imaginaire, voire du monde des fantasmes. Autrement dit, un rêve ou un fantasme peut revenir à l'esprit du malade, en lien avec un élément du présent, et il va être appréhendé par lui comme une réalité.

> Lorsqu'il était jeune homme, Jean rêvait parfois qu'il vivait avec Marilyn Monroe, son idole et idéal féminin. Cette passion pour l'actrice s'est éteinte peu à peu, mais elle est restée « engrammée », quelque part dans sa mémoire. Un soir, Jean aperçoit Marilyn Monroe à la télévision et son visage s'illumine. D'une voix fière, il lance à son fils qui est assis à ses côtés : « Tu as vu ? C'est ma femme ! »

De la même manière, il est préférable pour permettre à une personne en institution de mémoriser où est sa chambre de faire souvent avec elle, le trajet de la salle à manger jusqu'à la porte de sa chambre, plutôt que de lui expliquer qu'elle se trouve au troisième étage sur la gauche, dans le couloir bleu. En effet, dans le second cas, la mémoire sollicitée est une mémoire explicite, consciente, qui demande un encodage volontaire plus ou peu opérationnel dans la maladie d'Alzheimer. Dans le premier cas, en revanche, la mémoire sollicitée est une mémoire implicite, inconsciente. La mémorisation s'effectuant par renouvellement d'expériences, celle-ci est préservée plus longtemps.

C'est la raison pour laquelle il faut privilégier, avec les malades, les habitudes, la ritualisation, c'est-à-dire toutes les capacités

« entraînées » qui ont été souvent sollicitées et qui sont automatisées. Par ailleurs, pour toute nouvelle « mémorisation », il convient d'essayer de passer par cette voie de renouvellement d'expériences, qui seule a encore une chance de permettre l'ancrage d'une information inédite.

La fuite des mots

En fonction du degré d'atteinte cognitive globale de la personne malade Alzheimer, nous pouvons observer différents degrés de difficultés langagières.

Le manque du mot

La difficulté principale que nos proches rencontrent lorsqu'ils sont touchés par la maladie est ce que l'on appelle le « manque du mot », c'est-à-dire la difficulté à trouver le mot juste. On peut considérer que ce trouble est dominant dans la maladie d'Alzheimer.

Margaret, qui a toujours été bavarde et avide de conversations, ne trouve plus ses mots. Pour pallier ce manque, elle remplace le mot manquant par un autre, dont le sens est proche. Ainsi, elle confie à sa fille qu'elle ne sait plus où elle a mis les clés de sa charrette, au lieu de dire « voiture ».

Margaret, à ce moment-là, est dans ce que l'on appelle l'atteinte légère de la maladie. Ce manque du mot rend peu à peu son discours incompréhensible pour l'entourage. Il convient de noter aussi qu'à ce stade de la maladie, le débit de la personne touchée est moins rapide, les idées s'enchaînent moins facilement et ses phrases sont redondantes. Dans la discussion, il arrive au malade de sortir du sujet ou du thème de la discussion, mais généralement il y retourne sans aide.

Concernant la compréhension auditive, on ne note, à ce stade, que de légères perturbations. La personne peut avoir des difficultés minimes pour comprendre les messages longs et complexes (difficultés assez semblables à celles du vieillissement normal) et avoir tendance à faire des commentaires subjectifs et personnels au lieu d'énoncer les faits objectifs : elle cherche à tout personnaliser, sans doute parce que parler de soi lui permet de rester sur un sujet qu'elle maîtrise encore à peu près bien, alors qu'aborder des sujets d'actualité, par exemple, est plus « risqué ».

Puis, lorsque le déficit cognitif s'accentue, la personne touchée par la maladie continue à communiquer dans des situations familières, mais elle éprouve des difficultés d'expression et de compréhension dans les situations moins routinières et perturbantes.

À l'occasion de son anniversaire et le sachant malade, les enfants de Jean réunissent ses frères et sœurs autour de leur père, pensant ainsi lui faire plaisir. Cependant, cette situation inhabituelle perturbe Jean qui a pourtant à cœur de discuter, notamment avec son frère cadet. « Alors, comment va ton chat ? » demande Jean. Son frère, qui a un chien, est gêné par cette question « à côté de la plaque » et répond par un sourire. Jean engage ensuite la conversation sur le travail de son frère, un informaticien à la retraite. Mais là encore, il peine à trouver ses mots. « J'ai vu que le nouveau... Le truc avec un écran où on écrit... Il est sorti. » De plus en plus gêné par les difficultés de son frère, le cadet n'ose pas répondre. Il se sent déstabilisé et reste silencieux tout le repas durant... À l'instar de Jean qui, percevant ses propres incohérences, opte pour le mutisme.

Comme nous le voyons dans l'exemple de Jean, le malade Alzheimer utilise des mots sémantiquement proches les uns des autres (chat pour chien) ou des périphrases pour les mots moins fréquemment utilisés (« le truc avec un écran où on écrit », pour parler de l'ordinateur).

Il s'écarte volontiers du thème de la discussion et il est incapable d'y revenir seul. Il peut avoir du mal à prendre la parole, afin de démarrer une conversation. Il lui arrive de demander de répéter séparément les éléments de messages verbaux longs et complexes, et d'essayer de comprendre toutes les informations d'une conversation (il a des difficultés à faire le tri). Enfin, il peut encore être conscient de ses erreurs à ce stade, comme c'est le cas de Jean qui, honteux, choisit (malheureusement) de se taire.

Un discours troublé et troublant

À ce stade (atteinte moyenne), le malade peut communiquer avec un seul interlocuteur ou dans un groupe restreint, mais il rencontre des difficultés lorsqu'il faut suivre une conversation un peu longue, d'autant plus s'il y a un nombre important de personnes. Il lui est difficile d'exprimer ses besoins quotidiens sociaux et émotionnels, de telle sorte que son interlocuteur doit poser des questions pour le comprendre.

Trois mois après cet anniversaire décevant, Jean parle moins. Lui qui était si à l'aise avec les mots ne sait plus comment raconter des histoires. Fugacement, il sent l'incompréhension dans les yeux de ses interlocuteurs et cela le décourage. C'est comme s'il confondait tout, plus rien n'a de sens pour les autres, qui s'épuisent. Quant à lui, s'il continue de poser des questions, il ne comprend pas les réponses qui lui sont faites. Il perd le fil, c'est comme s'il était incapable de suivre une conversation, alors il se réfugie dans son monde. Sa fille, Danièle, persévère et essaie de discuter avec lui.

– Lucien et moi nous sommes allés au ski la semaine dernière, à Chamonix. Tu te rappelles Chamonix ? Tu nous y emmenais quand on était petits...

– C'est la neige.

– Oui.

– Et le chocolat, tu es allée ?

Après un temps de réflexion, Danièle comprend que son père fait allusion à un salon de thé dans lequel Jean prenait systématiquement un chocolat chaud, lorsqu'il y allait, arguant qu'il était le meilleur qu'il ait jamais goûté.

– Non, papa, le salon de thé a fermé. Heureusement il reste le restaurant en bas des pistes !

– Et le chocolat ?

Danièle ne répond pas. Alors, son père se tourne vers son gendre, Lucien :

– Et comment va votre maman ? Elle est toujours dans le pain ?

Lucien ne sait quoi répondre. Sa mère est décédée depuis longtemps, et le boulanger de la famille, c'est lui ! Alors que Danièle, arrivant en renfort, propose de passer à table, Jean déclare vouloir aller aux toilettes. Il part dans le couloir, et sa fille, inquiète, tend l'oreille. N'ayant pas entendu la chasse d'eau fonctionner, elle va vérifier une fois son père revenu dans le salon, et s'aperçoit que Jean a confondu le cabinet de toilette et le bidet de la salle de bains.

Manifestement, la maladie a évolué chez Jean. Il s'éloigne de plus en plus du mot juste, son vocabulaire s'est réduit et son discours a perdu en cohérence. Il s'intéresse aux détails secondaires, comme ce moment où il demande à sa fille si elle est allée au salon de thé, au lieu de lui demander si elle a apprécié ses vacances. Par ailleurs il souffre d'agnosie visuelle, c'est-à-dire qu'il ne reconnaît pas forcément les objets lorsqu'il les voit – il confond les toilettes avec le bidet – et confond les personnes – il mélange le souvenir de la mère de son gendre, et son gendre.

Dans ce stade d'atteinte moyenne de la maladie, il est difficile pour l'entourage de rester patient et à l'écoute s'il méconnaît le lien entre les troubles et le comportement du malade. Rappelons ici les principales caractéristiques et les changements que la maladie engendre :

- les mots employés prennent des formes variées et s'éloignent de plus en plus du mot juste (« veste » pour pantalon, « neige » pour ski, etc.) ;
- des erreurs de reconnaissance visuelle se manifestent : le malade peut ne pas reconnaître en le voyant un objet très banal du quotidien ;
- des désordres autres que la difficulté à trouver le mot juste apparaissent dans le discours tels que des troubles au niveau de la

cohérence du discours qui n'a plus de sens même si les mots appartiennent au vocabulaire ;

- le vocabulaire se réduit ;
- le malade commence à montrer des difficultés pour comprendre les éléments du vocabulaire simple ;
- il peut s'arrêter de communiquer ou parler exagérément de manière incohérente ;
- il est incapable de conserver le sujet de la conversation sans que l'on le lui rappelle constamment ;
- pendant la conversation, il utilise plus de mots que nécessaire pour expliquer les choses ;
- il s'intéresse aux détails secondaires et non aux éléments essentiels ;
- il utilise des pronoms sans référents de telle sorte qu'il est difficile pour l'interlocuteur de le comprendre ;
- il utilise moins de phrases et même parfois se limite à des morceaux de phrases ;
- il peut commencer à répéter de manière systématique des sons, des syllabes ou des phrases entières. Les persévérations s'accentuent, portant sur des mots, des phrases et aussi des idées à tendance souvent paranoïaque ;
- il a des difficultés pour amorcer une conversation ;
- il ne se rend plus forcément compte de ses difficultés de communication et de ses erreurs de langage.

Puis, lorsque l'atteinte devient encore plus sévère, tous les essais de communication sont limités et le malade n'exprime plus que certains de ses désirs, verbalement ou non verbalement. Les mots substitués n'ont aucun (ou un vague) rapport avec le mot juste et les erreurs de reconnaissance augmentent. L'intelligibilité peut être réduite à cause de la présence d'un jargon, de persévérations ou d'une réduction massive du vocabulaire. Le malade peut, parfois, seulement utiliser des phrases automatisées ou des mots isolés pour exprimer ses besoins. Les réponses par oui/non deviennent incertaines. Souvent, il ne respecte pas les tours de parole mais a encore conscience de la présence des autres, même si ceux-ci ne se voient pas forcément attribuer la place qu'ils ont réellement.

Mutisme ou incohérence

À ce stade (celui de l'atteinte profonde), on peut observer deux cas de figure : soit un mutisme total, soit des personnes qui continuent à parler dans un langage bien souvent incohérent et inintelligible.

Toutes les fonctions verbales sont perdues et, fréquemment, il n'y a plus aucun langage dit verbal :

- le malade peut parfois utiliser des moyens non verbaux (gestes de la main, mimiques) ou des grognements pour signaler une gêne ou la reconnaissance de la présence d'une autre personne ;
- il peut utiliser quelques mots sans signification, des vocalisations, répéter un son ou rester muet ;
- il n'a souvent aucune compréhension de la parole mais ses yeux peuvent montrer quelques signes de reconnaissance de personnes, de bruits familiers et de musique.

Il est d'ailleurs intéressant de noter que le discours est souvent incohérent (vide de sens) alors que les phrases sont correctes au niveau de la syntaxe et de la grammaire. Cela s'explique par le fait que choisir le vocabulaire fait appel à une mémoire explicite alors que la construction des phrases relève d'une mémoire implicite, un savoir-faire acquis et automatisé depuis longtemps. L'acquisition de la structure d'une langue, maternelle ou secondaire, se joue en effet essentiellement par « bain de langage », c'est-à-dire en entendant les autres parler et en mémorisant ainsi implicitement cette structure grammatico-syntaxique. Nous l'avons déjà dit à plusieurs reprises, cette mémoire implicite est préservée plus longtemps dans la maladie d'Alzheimer.

Une désinhibition perturbante

Un des éléments les plus marquants pour l'entourage d'une personne touchée par la maladie d'Alzheimer est l'atteinte des fonctions exécutives, et notamment l'absence d'inhibition.

Margaret, 85 ans, a toujours eu un comportement exemplaire. Sa fille la décrit comme une mère de famille attentive, ayant aussi été une épouse modèle. Pourtant, depuis quelque temps, son comportement s'est dégradé et modifié, au grand désarroi de sa fille. En effet, Margaret semble totalement désinhibée et séduit tous les hommes de l'établissement dans lequel elle a été placée, allant jusqu'à leur faire des propositions indécentes, et ce sans rougir.

Comme nous le voyons dans cet exemple, la désinhibition du malade Alzheimer peut choquer et être source de souffrance pour les proches. Pire encore, lorsque troubles de la mémoire épisodique et troubles frontaux sont associés, la personne malade peut réactualiser un événement ancien, le revit au présent devant sa famille, mais n'exprime pas ses sentiments comme elle le faisait à l'époque où elle était davantage en retenue.

Ainsi, Margaret fait un jour allusion à une courte fugue que sa fille avait faite, lorsqu'elle était adolescente. Sa fille se souvient bien de cet épisode dont sa mère et elle ont souvent reparlé en riant : elle s'était « enfuie » avec un jeune homme parce que son père ne permettait pas qu'elle le fréquente. Cependant, aujourd'hui, Margaret ne rit plus. À l'évocation de ce souvenir, elle fait preuve d'une grande agressivité envers sa fille : « On te cherche partout, espèce de traînée, qu'est-ce que les voisins vont dire ? » La fille de Margaret, blessée par les mots violents de sa mère à son égard, préfère quitter la chambre pour pleurer.

Ce type de situation se produit souvent, à un stade avancé de la maladie. En effet, on peut supposer que la personne malade, ici Margaret, n'avait pas dit les choses avec autant de spontanéité et d'agressivité à l'époque, ou avait souhaité réagir en conformité avec l'image qu'elle voulait présenter d'elle. Toutefois, avec la maladie et sa désinhibition, elle dit les choses autrement, plus crûment... Peut-être telles qu'elle les a vraiment ressenties ?

Des comportements différents

La personne touchée par la maladie d'Alzheimer, nous l'avons vu, présente des troubles du comportement inévitables. Penchons-nous sur les plus fréquents…

La dépression

Celle-ci est plus fréquente au début de la maladie, lorsque la personne a conscience de ses troubles et qu'évidemment, cela la perturbe. Nous le voyons bien chez Jean, qui se désespère de ne pas pouvoir profiter de son anniversaire (voir exemple, p. 47).

L'anxiété

Elle est très courante à tous les stades de la maladie car, compte tenu des problèmes de mémoire, tout est toujours nouveau. Cette anxiété peut également être entretenue par l'entourage qui, voulant bien faire, va poser des questions qui feront davantage prendre conscience au malade de son état. Il *sait* qu'il devrait savoir, mais *ne sait pas*… Ainsi, lui demander : « Quel jour sommes-nous ? », « Comment je m'appelle ? », « Sais-tu où tu es, ici ? » peut renforcer chez lui une anxiété latente.

Les troubles émotionnels

Il convient de les entendre au sens d'un émoussement affectif, qui peut être mis sur le compte des problèmes de mémoire. Par exemple, lorsque Jean se rend compte fugacement qu'il confond sa belle-fille avec sa mère, il se sent malheureux et préfère s'isoler.

L'agressivité

Fréquente, elle est souvent le reflet d'une situation que le malade ne comprend pas ou ne supporte pas, et il réagit parce qu'il l'interprète à sa manière et avec ses moyens. On peut comprendre que le malade à qui on ne demande plus son avis sur ce qu'il veut manger, faire, à qui on impose tout, sous prétexte qu'il est Alzheimer, puisse, à un moment donné, se révolter.

La désinhibition

Elle s'explique, comme nous l'avons vu, par l'atteinte frontale. Elle s'exprime à la fois par des comportements sexuels inappropriés mais explique aussi la part de responsabilité du malade dans l'agressivité et les réactions violentes : ce qui autrefois ne serait resté qu'une envie devient un passage à l'acte !

L'agitation verbale ou motrice

C'est souvent un moyen pour le malade de se convaincre qu'il existe encore, ou d'en convaincre les autres en sollicitant ses dernières capacités préservées. La déambulation est fréquente, comme chez Margaret qui dit un jour à une infirmière : « Je marche, je marche parce que si je m'arrête, je ne pourrai pas repartir. » Les cris surviennent régulièrement, aussi. On pourrait l'expliquer de cette façon : « Je crie parce que l'on ne m'écoute pas » ou encore « Je répète sans arrêt la même chose parce que je ne sais plus rien dire d'autre… mais au moins je parle encore ». C'est le cas d'une patiente qui, ayant bien conservé ses automatismes verbaux, ne sait plus énoncer… que des chiffres. Cela aurait pu être les jours de la semaine ou les mois de l'année, mais il s'est agi des chiffres. Pendant des années, son discours se limite donc à énumérer : « 1, 2, 3, 4, 5… »

Les troubles des conduites élémentaires

Ils concernent notamment les troubles du sommeil, qui sont visibles à la fois dans l'altération du rythme nycthéméral (celui de l'alternance jour/nuit), mais aussi parce que l'angoisse est généralement plus vive la nuit. L'anorexie peut aussi être présente, pour des causes physiologiques et parfois psychologiques, lorsque la nourriture est investie d'un rôle symbolique. Par exemple, la personne refuse la nourriture de l'institution parce qu'elle voudrait la quitter, ou parce que l'on dissimule des médicaments dans la nourriture. L'incontinence urinaire et fécale risque également d'apparaître.

Les troubles d'allure psychotique

Ils se manifestent par des hallucinations, des idées délirantes, des troubles de l'identification. Ils trouvent leurs sources dans les troubles neurologiques, notamment les hallucinations, mais aussi parce que ce discours qui paraît incohérent et délirant est celui de quelqu'un qui vit désormais dans un monde qui mélange le passé, le présent, l'imaginaire.

L'anosognosie

L'anosognosie, c'est-à-dire le fait de ne pas avoir conscience des troubles que l'on présente, survient généralement au stade moyen de la maladie. C'est peut-être mieux ainsi, cela évite au malade de souffrir… Qu'en serait-il pour lui s'il devait être conscient de ses comportements jusqu'au bout ? Qui sait, il y a sans doute des Alzheimer heureux !

Quels troubles, et quelle évolution de ceux-ci ?

Voyons comment évoluent globalement les troubles en fonction des trois stades de la maladie.

Atteinte légère

Les troubles de la mémoire sont légers, puis de plus en plus nets, et le patient, encore conscient de ses difficultés, manifeste fréquemment une anxiété concernant sa situation. Ceci peut d'ailleurs le conduire à éviter toute confrontation sociale (dîner avec des amis, aller faire les courses, fréquenter un club du 3ᵉ âge, etc.) pour se soustraire à une possible mise en échec. Les troubles de la concentration et de l'attention sont fréquents à ce stade. Hormis ce repli volontaire, une vie socio-familiale est généralement encore tout à fait possible.

Atteinte moyenne

Une désorientation dans le temps et dans l'espace va s'installer, empêchant le malade de savoir quel est le jour, le mois, l'année, où il se trouve. Les troubles de la mémoire deviendront de plus en plus importants, obligeant le malade à vivre presque exclusivement dans le moment présent. Apparaîtront souvent alors des troubles au niveau des capacités gestuelles (apraxies) et au niveau des capacités de reconnaissance (agnosies). Le ralentissement intellectuel sera majeur et les troubles du comportement, souvent importants, peuvent alors rendre la vie à domicile parfois impossible. C'est généralement au cours de cette période que commencera à se poser la question de l'institutionnalisation.

•••\•••

•••\•••

Atteinte profonde

Le malade sera, à ce stade, totalement assisté, incontinent. Apparaîtront des déficits psychomoteurs fondamentaux (tels les troubles de la marche, en particulier). Il pourra donner l'impression d'être insensible à l'environnement, toutes ses fonctions intellectuelles seront perturbées, l'ensemble des zones cérébrales à ce moment étant atteintes. La dépendance complète s'installera et la vie à domicile deviendra alors très difficile voire impossible, selon le contexte environnemental.

Le rythme de l'évolution globale, comme nous l'avons également dit pour le cas particulier des troubles du langage et de la communication, est très variable selon les individus. Il faut préciser que la maladie d'Alzheimer n'est pas une maladie mortelle. Les patients peuvent décéder d'une autre pathologie ou, lors des stades avancés, de complications liées à la maladie, par exemple du fait de la grabatisation.

Face au miroir déformant, l'entourage impuissant

Ainsi, la personne atteinte de maladie d'Alzheimer est touchée dans ce qui fait précisément qu'elle est une personne : ses capacités intellectuelles, son comportement et ses capacités de communication. Or, c'est un acquis de base en psychologie : l'autre fonctionne comme un miroir et renvoie à chacun une image de lui-même. C'est la raison pour laquelle les couples qui durent sont souvent ceux qui sont bâtis sur le mode de l'homogamie, c'est-à-dire lorsque les deux membres du couple se ressemblent à travers leurs valeurs, leurs croyances, etc. C'est aussi la raison pour laquelle la différence est souvent à l'origine du rejet ou de l'abandon, ce qui explique le racisme mais aussi la difficulté qu'ont beaucoup de personnes face à quelqu'un qui se trouve en situation de handicap.

Se retrouver face à une personne Alzheimer provoque le même type de réactions car elle renvoie une image insupportable, l'image de celui ou de celle que l'on voudrait ne jamais devenir, alors que le risque existe. Qui plus est, le malade Alzheimer cumule les handicaps : il est vieux. Dans notre société qui a tendance à aseptiser tout ce qui concerne la mort et qui fait croire à beaucoup que l'immortalité est à portée de main, la personne âgée et malade symbolise la mort et rappelle à chacun sa condition de mortel.

Par conséquent, nous retrouver face à un proche malade, c'est entrevoir notre futur : celui de quelqu'un qui se dégrade, qui perd la tête, que son comportement rabaisse et qui se rapproche de sa fin de vie. Certains d'entre nous choisissent donc, consciemment ou non, de ne pas se confronter à ce miroir déformant et de passer leur chemin. D'autres, *a contrario*, s'investissent corps et âme auprès de leurs proches. Dans tous les cas, trouver la juste distance pour être dans le respect de soi et de l'autre n'est pas chose aisée. Voyons quelles attitudes possibles nous pouvons adopter face à cette douloureuse situation…

Une attitude surprotectrice

En tant que conjoint, enfant ou proche d'un malade Alzheimer, nos réactions sont variables bien qu'elles s'orientent souvent autour de deux axes : le rejet ou la surprotection.

Prendre sous son aile

Il n'est pas rare qu'en tant que conjoint valide, nous protégions (parfois à l'excès) notre proche atteint de la maladie d'Alzheimer, et ce pour diverses raisons.

Catherine, la femme de Jean, est à la retraite depuis plus de dix ans. Lorsque le diagnostic de la maladie est posé avec certitude et que le médecin propose de placer Jean dans une structure adaptée, Catherine refuse catégoriquement. Elle estime que son mari sera bien mieux auprès d'elle, dans leur maison et qu'elle est tout à fait à même de lui prodiguer les soins requis : « Qui mieux que moi peut savoir ce dont mon mari a besoin ? Nous vivons ensemble depuis quasiment 50 ans ! Et puis je suis disponible, je n'ai plus que lui dont m'occuper maintenant ! »

Comme nous le voyons dans le dernier commentaire de Catherine, s'occuper de notre conjoint peut devenir notre seule préoccupation, l'unique but de la dernière partie de notre vie. Il peut même arriver, lorsque le malade est un homme, qu'il devienne quasiment le « bébé » de son épouse, soit qu'elle soit en mal de maternage, soit parce qu'elle prend ainsi, consciemment ou non, une revanche sur celui qui l'a dominée sa vie durant. Ainsi, il peut arriver qu'une femme dise de son mari Alzheimer qu'il est devenu l'enfant qu'elle n'a jamais pu avoir. Cette attitude est aussi alimentée par l'idée, qui circule dans l'esprit de nombreux d'entre nous, que la personne touchée par la maladie « retombe en enfance ».

Aider au-delà de ses capacités

Ces comportements de surprotection sont parfois motivés par l'idée d'éviter l'institutionnalisation du malade, donc la séparation. Quelque fois, le conjoint valide va essayer de suppléer sa moitié dans tous les actes de la vie quotidienne, bien souvent au prix de sa propre santé. S'occuper d'une personne atteinte de maladie d'Alzheimer avec son comportement apragmatique et déstabilisant entraîne très fréquemment l'épuisement de l'aidant, d'autant plus s'il est lui-même âgé.

C'est le cas du mari de Margaret qui, se sentant incapable de la laisser partir loin de lui, s'est occupé de sa femme quelques années durant avant de se résigner. « Je suis son mari, il était normal que je la soutienne. Mais répondre sans arrêt aux mêmes questions, passer mon temps à la surveiller ou à la raccompagner dans la bonne direction à chaque fois qu'elle s'égarait, et tout le reste... Je n'en pouvais plus au bout d'un moment. Et j'ai senti que je ne serais pas un soutien efficace pour ma femme. Cela me déchire le cœur, mais je pense qu'elle sera plus en sécurité en institution, avec des gens qualifiés autour d'elle. »

Comme l'explique le mari de Margaret, aider son conjoint malade dans tous les actes de la vie quotidienne, souffrir de sa désorientation, de son inversion du jour et de la nuit, le surveiller pour éviter des accidents, etc., peut se révéler épuisant, voire dangereux pour le conjoint valide. En effet, une étude a montré que dans ce cas, c'était fréquemment le conjoint valide qui disparaissait en premier, d'autant que le couple vit en véritable autarcie en essayant de cacher à tous, y compris à ses propres enfants, ses difficultés. Cette volonté de « masquer la misère » peut aboutir à une sorte d'isolement du couple qui, du coup, ne bénéficie d'aucune aide.

Unis et seuls, jusqu'au bout

* Le film *Amour*, de Michael Haneke (2012), traduit bien le déclin que peut connaître un couple lorsque l'un des deux membres perd peu à peu ses facultés habituelles. Ainsi, suite à une attaque cérébrale, on voit Anne s'évader peu à peu dans un univers différent de celui dans lequel évoluait, jusque-là, le couple qu'elle formait avec Georges. Bien que volontaire, le mari, privé de leur « bulle » tant chérie, finit par s'épuiser, allant jusqu'à maltraiter celle qu'il semble aimer plus que tout. L'isolement et l'impuissance à sauver sa femme conduiront Georges à perdre la raison.

Inverser les rôles

En tant qu'enfants, face à notre parent atteint de la maladie, nous pouvons être troublés par la peur de ressembler un jour à ce père ou cette mère qui se dégrade. Ainsi, nous hésitons parfois à la perspective d'une certaine forme d'abandon, à savoir un placement en institution, et bien souvent l'espacement des visites, parce qu'il nous est trop douloureux d'être confrontés à cette image. Nous préférons alors garder un bon souvenir de notre parent, en occultant, d'une certaine façon, sa démence.

Plus fréquemment lorsque nous sommes une femme, nous surprotégeons notre parent en inversant les rôles : ainsi, nous devenons le parent de notre parent.

Danièle, la fille de Catherine et Jean, seconde activement sa mère, qui décline à son tour. Très investie auprès de son père, elle s'occupe de ses repas, l'aide au quotidien et prend en charge les soins d'hygiène requis. « C'est naturel pour moi, je n'ai pas l'impression de faire un effort. Mes parents m'ont apporté beaucoup, papa a travaillé dur pour nourrir notre famille, il me semble normal que je lui rende la pareille aujourd'hui, dans cette situation difficile. »

Comme l'explique Danièle, cette « parentification » est quelquefois l'occasion pour l'enfant de rendre au parent tout ce que celui-ci a pu lui donner dans sa jeunesse. Mais si cela est psychologiquement positif, cette mission peut devenir très lourde lorsque la situation s'éternise, et aboutir à un découragement, avec toutes les conséquences que l'on sait.

Face à l'impuissance : la fuite

L'évitement

Cet isolement du couple n'est parfois pas voulu, mais subi. Le rejet que nous avons évoqué peut émaner non pas du malade ou de son partenaire, mais des membres de la famille, des amis qui ne reconnaissent plus la personne atteinte et renoncent à maintenir un lien socio-familial, car ils sont désemparés, impuissants et affectés eux aussi par cette image insupportable. Ce que l'on appelle le réseau social, constitué des amis et de la famille proches, a tendance à se restreindre, voire à disparaître.

Le découragement

En tant que conjoint valide, nous pouvons aussi avoir beaucoup de difficultés à supporter notre moitié devenue malade, ce qui peut entraîner un découragement, voire provoquer un placement anticipé dans un établissement, parce que nous ne maîtrisons pas cette forte sensation de rejet que nous éprouvons. Qu'y a-t-il de plus culpabilisant que de s'avouer que l'on ne peut plus supporter l'autre, alors même qu'il est victime de sa maladie ? C'est bien souvent cette culpabilité qui est à l'origine d'une institutionnalisation précoce. La communication s'en trouve alors altérée, ce qui risque d'entraîner dans bien des cas un non-dit, un silence sans doute perturbant pour tous. Dans certaines situations extrêmes, cela peut aller jusqu'à des emportements, des paroles violentes, voire des gestes qui frisent la maltraitance.

> Michèle vient de placer son mari dans un établissement spécialisé. Elle confie à un membre de l'équipe soignante : « Je ne souhaite qu'une chose, que cela s'arrête le plus tôt possible car je ne supporte pas cette situation. Je l'ai profondément aimé, c'était l'homme de ma vie, pour lequel j'avais une admiration sans bornes. Le voir devenir ainsi m'est insupportable. » Fortement attachée au souvenir de « son » homme, Michèle est dans un puissant déni de la maladie de son mari. Elle refuse de le voir se transformer et se trouve dans l'incapacité d'accepter la situation.

Michèle est ici incapable de faire son deuil, d'accepter celui que son mari devient, au fur et à mesure que la maladie évolue. En effet, selon notre construction ou notre histoire singulière, nous ne sommes pas forcément en mesure de faire seuls le travail de deuil que nécessite la maladie de l'autre. Si nous y sommes confrontés, nous pouvons décider de travailler sur le sentiment de culpabilité qui altère la communication avec notre proche malade, en nous faisant accompagner par un psychologue.

Des sentiments violents

Nous pouvons aussi éprouver un sentiment de rejet face au comportement et au discours de notre proche. Comme nous l'avons vu, la maladie peut provoquer une désinhibition et les propos ou gestes à caractère sexuel peuvent être très déstabilisants. Dans ces moments de pur affect, nous pouvons manquer de distance et ressentir du dégoût ou de la haine, d'autant si nous ignorons exactement les conséquences des troubles de notre proche atteint de la maladie ou que nous avons momentanément oublié le contexte dans lequel il évolue.

D'autre part, les troubles de la mémoire épisodique peuvent déclencher chez le malade l'actualisation de souvenirs ou de fantasmes douloureux à entendre pour l'entourage, qui, pour se préserver, va choisir bien souvent d'espacer les visites.

Dans un album photos que lui tend sa fille, Margaret pointe soudain l'image de son défunt mari et s'exclame : « Ah, celui-là, mes parents veulent que je l'épouse mais moi je ne veux pas, il est moche et il est con ! » La fille de Margaret éprouve une douleur terrible en entendant ainsi parler sa mère. Elle qui a déjà perdu son père, avoue ne plus pouvoir supporter de perdre sa mère et d'entendre ces confidences si crues, dans sa bouche. « Ma mère était tellement douce et bienveillante... Quand je l'entends aujourd'hui, j'ai l'impression qu'il s'agit d'une autre. C'est très dur à supporter, malgré l'amour que je lui porte. »

Dans un autre contexte, une patiente dit un jour à son fils : « ton père n'est pas ton père… » en présence de ce dernier ! On imagine bien la violence que peut constituer pour ceux qui l'entendent et sont concernés ce type de discours, dont on ne sait pas s'il exprime une réalité, s'il vient de l'imaginaire ou encore d'angoisses, de craintes enfouies que la maladie libère, et qui désormais constituent le monde dans lequel vit notre proche. Haine, rejet, voire dépression, tel peut être notre lot lorsque nous traversons une telle situation – d'autant que la dégradation se déroule sur plusieurs années –, et cela se comprend aisément.

Souffrance et jalousie

La non-reconnaissance des visages (prosopagnosie) chez le malade peut aussi provoquer beaucoup de souffrance. Ne plus être reconnu par son conjoint, son père ou sa mère est évidemment déstabilisant et peut conduire à se dire : « Je ne viens plus le voir parce que de toute façon il ne me reconnaît pas, ça ne sert à rien. » Cela peut aller jusqu'à un sentiment de jalousie, par exemple si un membre de la fratrie est reconnu et pas un autre. En réalité, nous devons bien nous dire que cela n'est pas lié aux sentiments que notre proche éprouve vis-à-vis des uns et des autres, mais simplement à des éléments qui permettent la reconnaissance ou pas, telle par exemple l'intonation de la voix. De la même manière, si dans le discours du malade il est plus souvent question d'un enfant plutôt qu'un autre, cela ne signifie pas que l'un était le préféré. C'est peut-être parce que les indices qui permettent le rappel sont plus pertinents pour l'un que pour l'autre. Ne pas être reconnu de lui ne veut pas dire non plus que notre présence n'apporte pas de plaisir à notre proche malade.

Catherine, qui a finalement placé Jean dans un établissement spécialisé, arrive un jour à un groupe de parole - destiné à soutenir l'entourage du malade - en larmes : son mari ne l'a pas reconnue. Pire, il l'a appelée par le prénom d'une de ses amies, en lui prenant la main. Très secouée, Catherine en déduit que cette amie a été la maîtresse de son mari par le passé... Le responsable interroge alors Catherine en lui proposant une autre piste : son mari revit-il une situation réelle, ou un fantasme ?

Comme nous l'avons vu chez Margaret (voir l'exemple p. 44), notre proche peut s'adresser à une soignante comme si elle était sa fille ou sa petite-fille, cela est assez fréquent. Si cela peut perturber la soignante, on imagine ce que peut ressentir la fille ou la petite-fille, si elle assiste à la scène : une forme de rejet ou de jalousie. Et que dire si la confusion porte sur une soignante ou une autre résidente, et l'épouse du conjoint malade ?

Toutes ces réactions de rejet, haine, dégoût pouvant aller parfois jusqu'à une certaine forme de maltraitance (plus souvent psychologique que physique) se comprennent, car le comportement, le discours de la personne atteinte de maladie d'Alzheimer sont très perturbants, déstabilisants, épuisants. Surtout si on ne les replace pas dans le contexte de la maladie et que l'on ne mesure pas ce que cette maladie génère comme troubles, ni quelles répercussions ils peuvent avoir justement sur le discours, le comportement et le fonctionnement au quotidien.

Pour mieux soutenir : accepter d'être soutenu

5

La culpabilité que nous pouvons ressentir quand un de nos proches est malade va influencer la décision de son placement dans un établissement spécialisé. C'est évidemment toujours difficile pour un conjoint de mettre fin à une cinquantaine d'années de vie commune et de renoncer à prendre en charge celui ou celle qui a partagé sa vie. C'est tout aussi compliqué pour un enfant de ne pas pouvoir s'occuper d'un père ou d'une mère grâce à qui il est devenu ce qu'il est. Pourtant, même si le maintien à domicile doit être privilégié autant que faire se peut, l'institutionnalisation doit être envisagée à un moment donné.

Ainsi, pour mieux soutenir notre proche, il nous faut accepter d'être soutenus nous-mêmes par des tiers compétents qui sauront prendre en charge le patient dans un cadre sécurisé lorsque le moment sera venu. De la même façon, il est nécessaire que l'équipe soignante bénéficie également du soutien de sa hiérarchie pour accompagner le patient au mieux. Voyons de quelle façon il convient d'agir lorsque nous avons atteint nos toutes humaines limites…

La nécessité de lâcher prise

Tout d'abord, en tant qu'entourage du malade, il est essentiel de nous déculpabiliser des sentiments violents que nous pouvons ressentir lorsque nous voyons notre proche se dégrader, car à terme nous pourrions provoquer plus de dégâts sur nous-mêmes et sur l'autre que d'apports et de bienfaits.

Renoncer à « sauver » l'autre, c'est lui donner la possibilité d'être accompagné au plus juste, et se donner l'opportunité de vivre plus sereinement les relations avec lui. Pour cela il est nécessaire de lâcher prise, de cesser de vouloir contrôler ce que nous ne pouvons pas contrôler, d'accepter que celui ou celle que nous aimons est malade et que nous ne pouvons rien y changer.

Laisser l'autre s'envoler

* Dans le film de Zabou Breitman *Se souvenir des belles choses* (2002), Philippe se trouve confronté à la maladie de Claire, qu'il vient de rencontrer et dont il est fou amoureux. Il met en œuvre des stratagèmes astucieux et ludiques pour maintenir le lien avec Claire et pour l'accompagner au mieux. Malgré cela, la maladie gagne du terrain et bientôt Philippe ne parvient plus à s'occuper de celle qu'il aime sans les mettre tous les deux en danger. Se résigner à placer Claire en institution est un déchirement pour lui. Il dit à un ami : « Tu comprends, si je lui lâche la main elle va s'envoler. »

Les mots de Philippe traduisent bien, en effet, cette étape si douloureuse à franchir lorsque nous sommes confrontés à la maladie de notre proche : accepter de laisser l'autre s'envoler, accepter de le voir basculer dans un monde différent du nôtre et faire le deuil de la relation qui nous unissait à lui jusqu'alors.

Pour nous aider à passer ce cap difficile, nous pouvons prendre un peu de recul. En d'autres termes : choisir de réfléchir avec notre tête plutôt qu'avec nos tripes. De cette façon, il est plus simple d'envisager la situation dans sa globalité et de prendre les décisions les plus adaptées pour maintenir l'équilibre du système familial.

Choisir le bon moment

Aucune règle absolue ne peut être édictée quant au « bon » moment pour le placement de notre proche en institution. Cependant, penser en termes de système familial et de facteurs pratiques aide à y voir plus clair. En effet, beaucoup de facteurs sont à prendre en compte pour décider d'une institutionnalisation. Ils sont liés à la fois au patient lui-même (personnalité, degré d'atteinte, gravité des troubles du comportement, etc.) et au contexte (présence d'un conjoint, état de santé de celui-ci, proximité d'autres membres de la famille, d'amis, possibilité d'aide de professionnels, de soins spécialisés). En fonction de tous ces facteurs, une institutionnalisation peut, voire doit, être envisagée, bien entendu dans un établissement spécialisé qui dispose d'un personnel adéquat et formé (soignants, professionnels de santé). À un certain stade, prendre en charge une personne atteinte de maladie d'Alzheimer devient une affaire de professionnels. C'est préférable pour tout le monde, y compris et surtout pour le malade lui-même.

Quelques questions utiles...

* Afin de cerner au mieux votre situation actuelle, en tant que proche du malade, vous pouvez vous poser les questions suivantes.

- Comment vivez-vous les changements de comportement chez votre conjoint, parent ?

- Être en contact avec votre proche malade déclenche-t-il des réactions ou émotions violentes chez vous ? Si oui, à quelle fréquence et dans quelles situations ?

- Est-ce que votre conjoint, parent vit chez vous ? Comment vivez-vous sa présence au quotidien (vous sentez-vous plutôt inquiet, angoissé, indisponible, indifférent, fragile, solide, serein, etc.) ?

- Si non, à quelle distance de votre domicile vit votre conjoint, parent ? Comment vivez-vous cette distance (vous sentez-vous plutôt inquiet, angoissé, indisponible, indifférent, fragile, solide, serein, etc.) ?

- Le cadre dans lequel vit votre proche malade vous semble-t-il sécurisant pour lui ? Si non, quelles solutions avez-vous envisagées pour que ce soit le cas ?

- À quel stade de la maladie est votre proche ? Prenez-vous conseil auprès des professionnels de santé pour qu'ils vous aident à réévaluer la situation au cours de la maladie ?

- Pensez-vous que la communication avec votre conjoint, parent, ami est bonne ou qu'elle peut être améliorée ? Si vous pensez qu'elle pourrait être meilleure, quelles solutions avez-vous envisagées pour que ce soit le cas ?

Franchir le cap de l'institutionnalisation

Bien entendu, tant que cela est possible, le maintien au domicile est souhaitable, parce que notre parent ou notre conjoint y a ses habitudes, ses points de repère, ses souvenirs. Le moment de l'institutionnalisation risque évidemment d'être un cap doulou-reux à franchir car un changement de lieu de vie n'est jamais simple, surtout lorsque les possibilités d'apprentissage sont limitées. À ce moment-là, nous pouvons avoir l'impression que notre proche se révolte ou que son état cognitif s'aggrave, ce qui peut générer une grande culpabilité. Rassurons-nous : cela n'est souvent qu'une réaction liée au changement d'habitudes, qui peut provoquer une confusion mentale transitoire. Cette dernière disparaîtra lorsque notre proche prendra de nouvelles habitudes de vie au sein de la structure dans laquelle il va désormais vivre.

Afin de nous soulager lors de ce passage éprouvant, nous pouvons nous répéter intérieurement, comme un mantra : « Ce n'est pas un abandon, ce n'est pas un rejet, au contraire : j'offre l'opportunité à celui ou à celle que j'aime de vivre la fin de sa vie dans de meilleures conditions. » Car passé ce moment de révolte, lorsque notre parent ou notre conjoint aura pris ses marques dans son nouveau lieu de vie, les tensions vont s'apaiser et un nouvel équi-libre va pouvoir s'installer. L'essentiel, c'est que le lien ne soit pas rompu et le placement dans un établissement spécialisé n'est en aucun cas à envisager comme tel.

Quel rôle à jouer pour l'équipe soignante ?

C'est l'occasion d'évoquer ici la place des soignants en institution, ceux que l'on peut appeler les aidants professionnels. En tant que soignants, notre rôle est très important car nous participons à cette transition délicate entre la vie du patient à domicile et dans la nouvelle structure. Ensuite, nous avons pour mission d'assurer au quotidien toutes ces aides qui vont permettre au malade de vivre dans les meilleures conditions. Cette aide ne doit pas se limiter aux soins d'hygiène, à la propreté des chambres et des locaux : assurer le bien-être du malade passe aussi par le maintien d'une bonne communication avec lui et l'assurance de notre présence bien-veillante. Ainsi, les conseils dispensés aux familles des malades sont également valables pour les aidants professionnels (les soignants). Prendre le temps de s'asseoir près d'un résident pour discuter fait partie de notre travail de soignant, et se révèle tout aussi important (peut-être même plus) que de passer le balai dans sa chambre... Car la différence, pour le patient, se jouera dans la qualité du lien affectif établi.

Cela n'est pas simple, car être soignant peut se révéler ingrat et difficile au quotidien. Il est donc primordial que les responsables d'institution intègrent et acceptent cette philosophie du soin, et qu'ils veillent à former au mieux leur équipe de soignants – ou plutôt soignantes, car les femmes sont nettement plus nombreuses dans ce corps de métier. La possibilité d'un soutien psychologique s'avère également essentielle, car le découragement, la souffrance peuvent aussi toucher les professionnels (risques de « burn-out »). Eh oui, que l'on soit un proche du malade ou un soignant, pour mieux soutenir, il convient d'être soi-même soutenu ! Les malades placés sont souvent à des stades très avancés de la maladie avec des troubles du comportement qui peuvent être très difficiles à gérer. C'est pourquoi le rôle des soignants est si précieux, car si leur prise en soin est adéquate, ces troubles du comportement peuvent régresser, ce qui pourra éviter le recours à un traitement médicamenteux lourd.

L'auteur en témoigne

* J'ai dirigé un travail de recherche d'une étudiante en psychologie sur l'influence des comportements de communication des soignants dans un EHPAD sur la communication des résidents atteints d'une maladie d'Alzheimer. Les résultats sont clairs : la communication du résident est bien meilleure lorsque le soignant a un comportement adapté et qu'il fait preuve d'empathie. Par exemple lorsqu'il pose la question « Comment allez-vous ce matin ? », en regardant le résident, en attendant et en écoutant sa réponse, la qualité du lien est nettement meilleure que s'il continue son travail sans être « présent » et attentif dans l'échange.

Le rôle à jouer pour l'entourage, qu'il soit familial ou professionnel, est important et difficile ; ainsi, toutes ces réactions que l'on peut observer, allant du rejet à la culpabilité, s'expliquent. Il est essentiel pour atténuer, voire éviter certaines de ces réactions de souffrance des uns et des autres, de bien connaître la maladie d'Alzheimer, de savoir lire autrement certains comportements et de ne jamais totalement rompre le lien.

L'objectif des pages qui vont suivre est de nous permettre, en tant que membres de l'entourage familial ou soignant, de savoir adapter

notre comportement de communication pour éviter un renoncement prématuré ou des réactions inadaptées. En effet, c'est bien le
maintien du lien qui est primordial. La rupture ne réside pas dans
le changement du lieu de vie, mais bien dans l'absence de communication, de lien, d'interaction. Rappelons que communiquer,
même sur un mode différent de celui qui existait avant l'installation de la maladie, est toujours possible.

DEUXIÈME PARTIE

Une prise en charge efficace : des clés pour mieux communiquer

Être confronté à la maladie d'Alzheimer est difficile à vivre pour la personne touchée et pour les aidants, qu'il s'agisse des proches ou des professionnels soignants. Afin d'accompagner au mieux la personne malade au cours du processus, il convient d'instaurer une prise en charge efficace. D'une part pour préserver les capacités du malade le plus longtemps possible, et d'autre part pour lui offrir le soutien le plus adapté à ses besoins.

Pour ce faire, les professionnels de santé procèdent en premier lieu à une évaluation précise de la personne, de là où elle en est, à l'aide d'outils divers. Puis, au regard des résultats, ils proposent la prise en charge adéquate qu'il faudra réévaluer régulièrement au cours du processus d'évolution de la maladie.

Diverses approches et outils existent, mais ils sont peu de chose sans le facteur humain dont l'importance prédomine dans une pathologie telle que la maladie d'Alzheimer. Une prise en charge efficace de la personne malade doit donc en priorité d'être axée sur la communication avec le patient, et implique autant que faire se peut une participation active de ses proches. Dans cette seconde partie généreuse en conseils, nous allons voir de quelle façon nous pourrons continuer à maintenir le lien avec la personne malade, et quel positionnement adopter pour la soutenir au plus juste.

Évaluer pour mieux comprendre

L'évaluation des capacités cognitives et du comportement de la personne a priori touchée par la maladie est une étape du diagnostic de démence. Ensuite, il faudra poser le diagnostic différentiel, qui permettra d'identifier le type de démence.

Mais comment s'y prennent les professionnels pour procéder à cette évaluation ? De quels outils se servent-ils, et comment ? Nous allons voir dans le détail ce qui peut être proposé, à la personne malade Alzheimer mais aussi à son entourage…

Quels outils pour les professionnels ?

En tant que professionnels, orthophonistes ou psychologues, nous allons donc nous livrer à une évaluation globale des capacités, permettant de dire si, compte tenu en particulier de l'âge, du niveau socio-culturel de la personne, ces capacités sont en dessous

83

de la norme et, dans ce cas, quel est le degré d'atteinte de la maladie. D'après les résultats obtenus lors de l'évaluation, nous allons ensuite pouvoir proposer une aide adaptée à notre patient.

30 questions à poser

Parmi les nombreux outils d'évaluation utilisés par les professionnels, il existe le MMSE[1] (*Mini mental state examination*), utilisé universellement, davantage par les médecins comme outil de dépistage. Le MMSE est composé de 30 questions simples portant sur l'orientation, l'attention et le calcul mental, la mémoire, le langage et l'activité motrice. Il permet d'établir un score sur 30 points, et de déterminer le degré d'atteinte.

Le docteur Souadia reçoit un couple de personnes âgées dans son cabinet, afin de procéder à une évaluation des capacités cognitives de l'époux. Il fait passer le MMSE en respectant les recommandations du groupe de recherche et d'évaluation des outils cognitifs (GRECO)[2]. Pour commencer, il informe son patient de la façon dont la séance va se dérouler : « Je vais vous poser quelques questions pour apprécier comment fonctionne votre mémoire. Les unes sont très simples, les autres un peu moins. Vous devez

1. FOLSTEIN, M.F., FOLSTEIN, S.E., Mc HUGH, P.R. (1975). « Mini mental state », a practical method for grading the cognitive state for the clinician. *J. psychiat. res.*, 2, 189-198.
2. DEROUESNE, C., POITRENEAU, J., HUGONOT, L., KALAFAT, M., DUBOIS, B., LAURENT, B. (1999). « Le Mini-Mental State Examination (MMSE) : un outil pratique pour l'évaluation de l'état cognitif des patients par le clinicien ». *Presse Méd*, 28, 1141-8.

répondre du mieux que vous pouvez. » Ceci fait, le docteur Souadia entame une première série de questions.

(1) En quelle année sommes-nous ?

(2) En quelle saison ?

(3) En quel mois ?

(4) Quel jour du mois ?

(5) Quel jour de la semaine ?

Puis il poursuit son questionnaire : « Je vais vous poser maintenant quelques questions sur l'endroit où nous nous trouvons. »

(6) Dans quelle rue se trouve le cabinet où nous sommes ?

(7) Dans quelle ville se trouve-t-il ?

(8) Quel est le nom du département dans lequel est située cette ville ?

(9) Dans quelle région est situé ce département ?

(10) À quel étage sommes-nous ici ?

Le médecin, en posant ces dix premières questions, cherche à déterminer comment son patient se situe dans le temps et dans l'espace. Il évalue ainsi les capacités cognitives liées à l'orientation.

Après avoir noté les réponses du patient, le docteur Souadia continue son évaluation : « Je vais vous dire 3 mots. Je voudrais que vous me les répétiez et que vous essayiez de les retenir car je vous les redemanderai tout à l'heure. »

(11) Cigare.

(12) Fleur.

(13) Porte.

Il demande ensuite à son patient de répéter ces trois mots.

Ce faisant, le médecin teste les capacités d'apprentissage de son patient.

Il pose ensuite cette question : « Voulez-vous compter à partir de 100 en retirant 7 à chaque fois ? »

(14) 93.

(15) 86.

(16) 79.

(17) 72.

(18) 65.

Le patient a su opérer le décompte sans se tromper. Cependant, par acquit de conscience et comme cela est recommandé, le docteur Souadia lui demande d'épeler le mot « monde » à l'envers (ednom).

Sur cette dernière question, le score correspond au nombre de lettres obtenues dans la bonne position (mais le chiffre n'est pas inclus dans le score global). Ces questions visent à évaluer les capacités d'attention et de calcul du patient.

Le docteur poursuit : « Pouvez-vous me dire quels étaient les 3 mots que je vous ai demandés de répéter et de retenir tout à l'heure ? »

(19) Cigare.

(20) Fleur.

(21) Porte.

Le docteur présente ensuite un crayon à son patient, et lui demande de nommer l'objet **(22)**. Puis, il désigne sa montre au patient et lui demande de nommer l'objet **(23)**. Il poursuit : « Écoutez bien et répétez après moi : "Pas de mais, de si, ni de et" » **(24)**. Puis il pose une feuille de papier sur son bureau et la montre à son patient en disant : « Écoutez bien et faites ce que je vais vous dire... Prenez cette feuille de papier avec la main droite **(25)**. Pliez-la en deux **(26)**. Maintenant, jetez-la par terre **(27)**. »

Une fois cet exercice réalisé, le docteur Souadia tend à son patient une feuille de papier sur laquelle est écrit en gros caractères « Fermez les yeux », et il ajoute : « Faites ce qui est écrit » **(28)**.

Pour finir, le médecin tend à son patient une feuille, un stylo et lui demande distinctement : « Écrivez la phrase que vous voulez, mais une phrase entière **(29)**. »

Précisons que, pour la dernière question posée, il est important que la phrase soit écrite spontanément et qu'elle comporte un sujet, un verbe... et un sens !

Par cette série de questions de 22 à 29, le médecin évalue sommairement les capacités langagières (expression, compréhension, langage oral et écrit).

Le docteur Souadia tend à son patient une feuille de papier sur laquelle figure un symbole. Puis lui demande : « Voulez-vous recopier ce dessin ? » **(30)**.

À présent, le docteur Souadia va pouvoir déterminer le score obtenu par son patient, en comptant un point pour chaque bonne réponse... Quelles conclusions pourra-t-il en tirer ?

Le MMSE ne permet pas de poser un diagnostic, mais seulement de dire s'il y a un problème, et si oui, de quelle intensité. Pour contribuer au diagnostic et dresser un profil de l'atteinte des capacités du patient, un professionnel devra ensuite évaluer avec précision l'ensemble des fonctions cognitives, notamment : les différentes mémoires (la mémoire épisodique, la mémoire sémantique, la mémoire procédurale, la mémoire de travail), les processus mnésiques (encodage, stockage, rappel), les fonctions exécutives, l'attention, le langage, les praxies, les gnosies, les fonctions visuo-constructives, le raisonnement, etc. Ce bilan neuropsychologique met en évidence les fonctions qui présentent un déficit et le quantifie, mais il précise également celles qui sont préservées. Auparavant, cette première évaluation avec le MMSE va permettre au docteur Souadia de mieux situer son patient et d'avoir une idée de ses capacités.

Quel score pour quel degré d'atteinte ?

MMSE < 26 significatif chez un patient titulaire du certificat d'études primaires.

MMSE < 24 significatif chez un patient non titulaire du certificat d'études primaires.

24-26 > MMSE > 20 : atteinte légère.

20 > MMSE > 10 : atteinte moyenne.

MMSE < 10 : atteinte profonde.

Il est également nécessaire que le professionnel évalue le comportement de son patient au quotidien. Pour cela, il dispose d'échelles psycho-comportementales qu'il lui est possible de remplir avec un membre de l'entourage proche de son patient.

Ces examens contribuent au diagnostic et peuvent également servir à mettre en place une action thérapeutique qui, par exemple pour une approche portant sur la cognition, vise à mobiliser au maximum les capacités encore préservées du patient, pour qu'elles restent fonctionnelles le plus longtemps possible. En la matière, ce n'est pas le repos qui est aidant : c'est l'activité. Plus une fonction est utilisée, plus elle restera utilisable longtemps. Une autre action thérapeutique peut consister à faciliter l'utilisation par le malade d'une fonction préservée, pour contourner une fonction déficitaire (voir p. 114).

Une certaine approche de la communication...

Les troubles de la communication constituent sans aucun doute le déficit le plus perturbant, car il va contribuer à rompre le lien entre la personne touchée par la maladie et son entourage, comme nous le voyons dans le cas de Denise.

Denise a 71 ans lorsque son orthophoniste la reçoit pour la première fois. Elle a été adressée à ce praticien par un neurologue, avec un diagnostic de maladie d'Alzheimer débutante.

Elle a des problèmes de mémoire depuis plusieurs années déjà, mais qui semblent s'être quelque peu aggravés récemment. Il est signalé qu'elle cherche beaucoup ses mots lors de conversations et qu'elle a tendance à avoir du mal à fixer les nouvelles informations. Son mari évoque, par exemple, le fait que le matin même il lui a rappelé son rendez-vous chez l'orthophoniste, mais qu'au moment de partir en début d'après-midi, elle lui a demandé où ils allaient. En revanche, elle parle volontiers de son enfance, semble-t-il assez difficile, ou encore des moments de solitude qu'elle a connus lorsque son mari était en déplacements professionnels.

Toujours selon son mari, Denise fait plus difficilement les choses et plus lentement, en particulier la cuisine. Elle est moins enthousiaste et elle a conscience de ses difficultés, ce qui a tendance à l'énerver, la stresser, voire à la déprimer quelque peu.

Denise et son époux ont quitté la région où ils ont longtemps vécu une dizaine d'années auparavant, lors du départ à la retraite, pour revenir dans leur région natale et ceci l'a toujours quelque peu gênée. Auparavant ils avaient une vie qu'ils qualifient de nomade à cause de la profession de son mari.

Elle dit, spontanément, avoir perdu confiance en elle.

Dans un premier temps, il convient donc d'affiner au plus près le diagnostic. Cela nous permettra de mettre en œuvre l'aide la plus adaptée possible, pour rester en lien avec le patient, dans la durée.

L'évaluation que l'orthophoniste réalise alors montre chez Denise une altération légère des capacités cognitives globales et un profil de l'atteinte mnésique, qui met en évidence des difficultés d'encodage, confirmant le diagnostic de maladie d'Alzheimer.

L'échelle de dépression gériatrique la situe dans la normalité. Par ailleurs, l'orthophoniste ne constate pas de modifications très importantes dans les activités quotidiennes, les habitudes, la personnalité, ni le comportement de sa patiente.

Une fois que le maximum de données est recueilli, nous allons pouvoir proposer à la personne malade Alzheimer et à son entourage une prise en charge adéquate.

Après discussion avec le couple, une prise en charge orthophonique est mise en place qui, pendant environ trois ans, va surtout cibler le maintien des capacités cognitives de Denise, en particulier la mémoire.

Pour ce faire, l'orthophoniste propose à Denise de lire des textes liés à ses centres d'intérêt. Ensuite, il lui demande de raconter ce qu'elle a lu. Lorsqu'il perçoit des informations manquantes, l'orthophoniste pose des questions à sa patiente, par oral ou par écrit. Il procède par questions ouvertes ou fermées, selon ce que Denise peut lui fournir, et s'ajuste en fonction de ce qu'il perçoit.

Ce type d'exercices vise à travailler l'encodage et le rappel de nouvelles informations. Par ailleurs, le récit d'histoires personnelles permet de solliciter la mémoire ancienne et a également un côté valorisant, ou en tout cas motivant : c'est le cas pour Denise qui est très attachée à son histoire.

Par la suite, et comme nous sommes face à une maladie évolutive, il convient de modifier la prise en charge selon le degré d'atteinte de la pathologie, toujours dans le souci de proposer l'aide la mieux adaptée.

Ce travail, qui est au départ très bien accepté par Denise, lui demande au fil du temps de plus en plus d'efforts. Ainsi, la confiance qu'elle avait regagnée s'évapore : elle craint la mise en échec et se replie sur elle-même. Son époux signale au praticien qu'elle vient avec de plus en plus de réticence aux séances d'orthophonie. Quant à l'orthophoniste, il note également une nette tendance à la dépression chez sa patiente, et un comportement parfois agressif avec son mari, surtout lorsque ce dernier lui demande quelque chose. Denise refuse aussi, de plus en plus fréquemment, de voir ses amis et sa famille, et elle se montre assez peu « communicante » lorsqu'ils lui rendent visite.

L'évaluation cognitive établie suite à ces « alertes » montre alors une atteinte modérée des capacités de Denise. Après s'être entretenu avec le mari de sa patiente, qui a de plus en plus de mal à gérer la situation à la maison, l'orthophoniste décide de privilégier désormais le travail sur la communication.

… La thérapie écosystémique

Dans la première partie de cet ouvrage, nous avons montré que les difficultés linguistiques des patients atteints de maladie d'Alzheimer n'étaient pas un simple déficit du langage mais un véritable trouble de la communication sur lequel agissent différents facteurs :

• le degré d'atteinte cognitive ;
• les facteurs individuels et psychosociaux : l'âge, le niveau socio-culturel, le lieu de vie ;
• les facteurs cognitifs et linguistiques ;
• les facteurs contextuels, en particulier le thème de discussion et le type d'actes produits par l'interlocuteur.

Nous avons également montré que les capacités de communication des patients atteints de maladie d'Alzheimer subissent un certain nombre de modifications quantitatives et qualitatives :

• une réduction globale et progressive des actes émis ;
• une diminution du nombre d'actes adéquats (qui permettent la poursuite de l'échange) et une augmentation du nombre d'actes inadéquats (qui entraînent une rupture de l'échange) ;
• une augmentation des actes non verbaux ;

- une modification qualitative des actes adéquats utilisés, allant dans le sens d'une simplification des actes utilisés, ceux ne faisant pas appel à une élaboration thématique et syntaxique importante, et d'une utilisation d'actes automatiques ou automatisés ;
- une augmentation progressive de l'émission inadéquate d'actes demandant un traitement actif ou élaboré du langage ou une diminution de l'émission de tels actes.

Ceci nous a amenés à dire qu'il était possible d'intervenir sur certains des facteurs qui influencent les capacités de communication des patients, et d'essayer d'optimiser certaines capacités de communication encore préservées.

Ceci s'inscrit dans le cadre d'une thérapie écosystémique des troubles de la communication, dont l'objectif fondamental est de faire en sorte que le patient puisse se sentir encore reconnu comme individu communicant, afin d'éviter qu'il ne se laisse trop vite « glisser » et que d'autres facteurs d'origine psychologique ne viennent aggraver le tableau clinique.

C'est également la mise en place d'une thérapie écosystémique que va proposer l'orthophoniste à Denise. Afin d'évaluer les capacités de communication de Denise, l'orthophoniste utilise la GECCO, pour affiner son diagnostic et préciser les points à travailler.

Focus sur la communication : la GECCO

En effet, l'absence d'outils permettant d'évaluer les capacités de communication des personnes touchées par la maladie d'Alzheimer et de repérer les facteurs influents nous a amenés à proposer la Grille d'évaluation des capacités de communication

(GECCO). Il s'agit d'un outil informatique d'évaluation pragmatique et écologique des difficultés de communication des patients concernés par la pathologie.

Cette grille permet de dresser un profil de la communication du patient examiné, en déterminant quels types d'actes de langage il utilise encore de manière adéquate ou au contraire de manière inadéquate (et quelles sont les raisons de cette inadéquation), quels thèmes de discussion favorisent ou non sa communication et quels actes de langage de l'interlocuteur l'aident ou au contraire le perturbent.

L'analyse de la communication par cet outil nécessite l'enregistrement (vidéo de préférence) de trois situations de communication de base et leur analyse ultérieure. Nous avons en effet montré l'influence de l'environnement et du contexte dans la communication des patients Alzheimer. Les trois situations retenues permettent de couvrir l'essentiel du champ des situations retrouvées dans la vie quotidienne, à savoir :

• une entrevue dirigée sur le thème de l'autobiographie ;
• une tâche d'échange d'informations à partir de photos ;
• une discussion libre à partir du moment présent.

Qu'en est-il du bilan de Denise ?

L'évaluation des capacités de communication de Denise avec la GECCO donne les conclusions suivantes : elle communique davantage lors d'une situation de type entrevue dirigée. C'est donc lorsqu'elle est guidée dans la discussion par l'interlocuteur et qu'elle peut s'appuyer sur le discours de cet interlocuteur qu'elle produit le plus d'actes adéquats permettant la poursuite de l'échange dans de bonnes conditions.

Par ailleurs, c'est lorsque qu'elle doit s'appuyer sur un support visuel que Denise produit le plus d'actes inadéquats. Dans ce cas, l'orthophoniste note que Denise rompt la discussion, en particulier parce qu'elle a une difficulté à prendre en compte la situation. En effet, elle a tendance à mélanger ce qui est représenté sur la photo et des histoires personnelles, ce qui donne un récit peu compréhensible de l'extérieur. L'orthophoniste note aussi que, dans ce type de situation, Denise peine à prendre en compte la présence de son interlocuteur. Elle ne répond pas directement à ses questions, du moins pas à celles en rapport avec le visuel.

Elle aborde volontiers des thématiques liées à son histoire de vie personnelle lors de la discussion libre, ainsi que les faits sociaux qui l'ont marquée, mais beaucoup moins les faits récents ou ceux liés à l'actualité.

Dans le détail, la GECCO indique également les forces et les fragilités de Denise.

Elle réussit à communiquer efficacement :
– en rendant compte des raisons, des causes et des motifs reliés à une action ou en prédisant le dénouement ;
– en exprimant son état interne (en particulier ses émotions, ses sensations), ses capacités ou encore ses intentions d'accomplir une action ;
– en décrivant un événement, une action ou une démarche ;
– en exprimant ses impressions, ses attitudes ou ses jugements au sujet d'objets, d'événements ou de situations.
En revanche, elle rencontre des difficultés :

– à exprimer ses croyances à propos des sensations, des émotion, des capa-cités, et des intentions d'une autre personne, à bon escient ;
– à rendre compte des raisons, des causes et des motifs reliés à une action ou en prédisant le dénouement.

Ces deux dernières catégories d'actes de langage sont retrouvées dans les actes « adéquats » qui permettent de communiquer correc-tement et dans les actes inadéquats qui entraînent des difficultés : ce n'est pas contradictoire, cela veut dire que ces actes de langage sont beaucoup utilisés parce qu'encore fonctionnels, mais qu'ils sont parfois utilisés de manière adaptée, et parfois pas. Dans le cadre de la thérapie, il va falloir provoquer les situations où ils pourront être utilisés de façon adaptée.

Denise a aussi des difficultés :
– à articuler entre elles les informations de son discours ;
– à apporter des éléments informatifs nouveaux (le discours tourne souvent en rond) ;
– à trouver le mot juste.

C'est à partir du profil de Denise ainsi établi que l'orthophoniste lui propose, ainsi qu'à son époux, une prise en charge cognitivo-comportementale et écosystémique des troubles de la communica-tion.

> Pour ce faire, il demande à l'époux de sa patiente de « collaborer », car jusqu'alors il était peu présent lors des séances d'orthophonie, parfois même un peu dans le déni ou l'agacement.

Nous verrons dans le chapitre sur les traitements adaptés comment le bilan de Denise a pu être mis à profit dans la thérapie (voir p. 89).

Quels outils pour les aidants ?

Dans le cadre d'un travail de recherche sur la communication de patients atteints de la maladie d'Alzheimer, nous avons comparé les résultats de la GECCO du patient à ceux d'un questionnaire d'évaluation rempli par l'aidant le plus proche du malade, au sein d'un échantillon de trente couples patients/aidants.

Les résultats ont montré que l'aidant le plus proche de la personne malade pouvait avoir des difficultés à évaluer les capacités du patient. De fait, ils ont confirmé la nécessité d'informer et de guider l'aidant, dans le cadre d'une thérapie écosystémique. À ce titre, nous avons construit un outil d'évaluation de la communication à usage des aidants : le Questionnaire de communication aux aidants (QCA).

> L'époux de Denise, qui a rempli le questionnaire proposé en vue de la thérapie, s'est étonné de l'écart entre les deux résultats (ceux du QCA et de la GECCO). Grâce à l'analyse de l'orthophoniste, il s'est rendu compte de la

mauvaise perception qu'il avait jusqu'alors, et a décidé de s'impliquer davantage dans la communication avec sa femme.

Tout comme l'époux de Denise, si l'un de nos proches est concerné par la maladie d'Alzheimer, nous aurons peut-être à remplir le QCA. Il est important d'aborder l'utilisation de cet outil avec prudence, et de confronter nos réponses à l'avis d'un professionnel, dans le cadre d'une thérapie écosystémique. Nous pouvons d'ores et déjà observer les questions posées, afin de réfléchir à ce que peut vivre notre proche.

Questionnaire de communication aux aidants (QCA)[1]		
Coter chaque question de 0 à 5 selon la fréquence d'utilisation des actes : 0 = jamais ; 1 = rarement ; 2 = parfois ; 3 = assez souvent ; 4 = souvent ; 5 = très souvent. Vingt questions (1 à 20) concernent les actes de langage utilisés par le patient (score / 100). Huit questions (21 à 28) concernent des actes émis de façon inadéquate qui vont perturber la communication : ils sont cotés en fréquence de la même manière mais avec une valeur négative (0, -1, -2, -3, -4, -5).		
N°	Questions	Note /5
1	Votre proche pose des questions auxquelles on répond par oui/non (ex. : « Avez-vous des enfants ? »).	
2	Votre proche pose des questions commençant par : où, quand, comment, pourquoi, qui, que... (ex. : « Quelle heure est-il ? »).	
3	Votre proche s'assure de votre compréhension par une question (ex. : « D'accord ? »).	

1.© Rousseau, Cavrois (2008).

4	Votre proche répond par oui ou par non à une question (ex. : « Non, je n'ai pas faim »).	
5	Votre proche répond à une question commençant par : où, quand, comment, pourquoi, qui, que... (ex. : « Il est dans la cave »).	
6	Votre proche répond à une question et justifie sa réponse (ex. : « Non. Je n'ai pas faim parce que je viens de manger un gâteau »).	
7	Votre proche nomme correctement : un objet, une personne, un événement, une situation (ex. : « C'est mon fils »).	
8	Votre proche informe sur la possession d'un objet ou d'une idée (ex. : « Ma voiture est verte »).	
9	Votre proche décrit un événement, une action, un déroulement... (ex. : « Chez le boulanger, j'ai acheté une baguette et un pain »).	
10	Votre proche décrit les caractéristiques : d'un objet, de situations... (ex. : « C'est un chat noir à taches blanches et aux yeux bleus »).	
11	Votre proche décrit le lieu, la direction... (ex. : « Le chien est sous la table »).	
12	Votre proche détermine des règles, des procédures (ex. : « Quand il pleut, mieux vaut sortir couvert »).	
13	Votre proche exprime ses impressions, ses jugements... (ex. : « Cet homme n'est pas honnête »).	
14	Votre proche exprime ses émotions... (ex. : « Je suis content »).	
15	Votre proche attribue des idées, des intentions, des émotions aux autres (ex. : « Elle a l'air triste »).	

16	Votre proche explique et justifie en donnant les causes, les raisons (ex. : « Elle sourit parce qu'elle a gagné au loto »).	
17	Votre proche manifeste sa présence au sein de la conversation en la débutant, en la poursuivant ou en l'interrompant... (ex. : « Comme je vous l'ai déjà dit », « regardez-moi », « tout à fait »).	
18	Votre proche établit des faits par le discours (ex. : « Je vous déclare mari et femme »). Il prévient et avertit (ex. : « Attention ! »). Il donne des ordres (ex. : « Viens ici ! »). Il fait de l'humour, il taquine.	
19	Votre proche utilise des expressions toutes faites, plus ou moins conventionnelles (ex. : « L'habit ne fait pas le moine », « ce n'est pas un perdreau de l'année »).	
20	Votre proche utilise des gestes, des mimiques, des regards pour communiquer (ex. : Il pointe du doigt, il mime ; son visage, son regard sont expressifs, etc.).	
21	Votre proche utilise des mots ou des expressions qui n'existent pas et qui empêchent de le comprendre (ex. : « Ma femme est darumou » « le colchipan est rouge »).	
22	Votre proche fait des fautes de grammaire qui empêchent la compréhension de la phrase (ex. : « Il a mangé pour que il n'avait pas faim »).	
23	Votre proche répond à une demande par une phrase sans lien avec celle-ci (ex. : « Quelle est votre date de naissance ? » Il répond : « Je m'appelle Henri »).	

24	Votre proche n'agit pas ou ne s'exprime pas de façon adéquate par rapport à la situation (ex. : On lui demande de signer un papier, il décrit ce qu'il a mangé ce matin).	
25	Votre proche passe du coq à l'âne (ex. : « J'attends le facteur. Mon pull est bleu »).	
26	Votre proche tourne en rond, il n'apporte pas de nouvelle information dans ses phrases (ex. : « Je suis malade parce que j'ai une maladie »).	
27	Votre proche n'utilise pas de lien entre ses phrases (ex. : « Elle pleure, elle dessine, elle va chez sa grand-mère »).	
28	Votre proche se contredit (ex. : « Je déteste les haricots. Ce midi, je vais manger des haricots »).	
	Total / 100	

Pour remplir ce questionnaire, il est souhaitable, pendant environ une semaine, que nous soyons plus particulièrement attentifs aux échanges avec notre proche. Les premières questions (1 à 20) concernent les modes de communication encore adéquats que peut utiliser le malade. Il nous faut tenter d'apprécier la fréquence d'utilisation de ces actes, en établissant un score entre 0 et 5. La fréquence peut être estimée de cette manière :

- 0 : jamais ;
- 1 : rarement : moins d'une fois par semaine ;
- 2 : parfois : environ une fois par semaine ;
- 3 : assez souvent : plusieurs fois par semaine mais pas tous les jours ;

- 4 : souvent : tous les jours ;
- 5 : très souvent : pratiquement tout le temps.

Les questions suivantes (21 à 28) concernent les actes inadéquats, c'est-à-dire ceux qui entraînent une rupture de l'échange avec notre proche. La fréquence sera appréciée de la même manière que précédemment, mais il sera attribué au score une note négative. Ceci nous amènera à un score sur 100.

Ce questionnaire s'inscrit dans l'introduction de la thérapie écosystémique. Par l'intermédiaire de cet outil, l'orthophoniste a ainsi la possibilité de discuter avec l'entourage de la perception des capacités réelles de son proche, voire de rétablir les choses si sa perception ne semble pas bonne. Ainsi, comme l'époux de Denise, l'entourage pourra prendre part à la thérapie et devenir un acteur à part entière dans la triade thérapeute/patient/aidant.

Grâce à ces outils, une guidance pourra être instaurée à partir des modes de fonctionnement du patient et de son aidant. Cela permettra aussi au professionnel de juger de l'évolution de la communication et de l'efficacité de la thérapie mise en place.

Jour après jour, adapter son langage

Pour maintenir le lien avec une personne atteinte de maladie d'Alzheimer, il est nécessaire que nous fassions des efforts et que nous adaptions notre propre comportement de communication aux difficultés spécifiques de notre proche ou de notre patient, que nous entrions dans son monde pour mieux le soutenir.

Nous verrons dans ce chapitre des conseils et des attitudes à adopter d'abord d'une façon générale, ensuite en fonction des capacités préservées du malade et des difficultés spécifiques qu'il peut avoir. Il convient d'évaluer auparavant la communication à l'aide du QCA (voir chapitre précédent) et d'envisager ce travail de communication comme un complément de la prise en charge orthophonique.

En général...

En partant du postulat qu'il nous revient d'adapter nos comportements et notre communication, nous pouvons dresser une liste de conseils généraux, dispensés par les professionnels.

Parler lentement

Notre proche ou patient malade, nous l'avons vu, a des difficultés pour comprendre ce qu'on lui dit et il a en tout cas davantage besoin de temps pour intégrer les informations. Il est donc souhaitable que nous ralentissions le débit de notre parole, sans pour autant détacher les syllabes et perdre le naturel d'une conversation.

Laisser suffisamment de temps pour répondre

De la même manière, la compréhension d'une question peut prendre du temps au malade et, encore plus, l'élaboration de la réponse car trouver et choisir le bon mot n'est pas chose aisée pour lui. Il est donc souhaitable de patienter et de ne pas passer à autre chose si la réponse ne vient pas.

Se montrer réceptif, bienveillant, empathique

Il est important de faire sentir à notre proche ou à notre patient que ce qu'il a à dire nous intéresse, que sa parole est prise en considération, que l'on n'est pas dans le « faire semblant ». Car, même si la conversation peut être difficile, certains signes ne trompent pas, même un malade Alzheimer. Notre comportement dans la communication, cette empathie font partie des signes implicites qui n'échapperont pas au malade. Trop souvent, sa parole n'est plus prise en considération, ce qui peut l'amener à renoncer et à s'enfermer dans un mutisme. Alors, si on lui pose une question, il faut lui montrer que la réponse nous intéresse et, même si son discours paraît a priori incohérent, l'écouter quand même et tenter de le décoder plutôt que de se dire que cela n'a aucun sens.

Faire attention au timbre de la voix

Des études ont montré que ce que l'on appelle la prosodie du discours (intonations, rythme, timbre de la voix) pouvait parfois être mieux saisie que le contenu. Par conséquent, il est utile de renforcer ces éléments en faisant bien comprendre ainsi que l'on pose une question, que l'on est heureux, surpris, etc.

Quelques conseils utiles...

* Si vous êtes peu expressif de nature et que vous peinez à accompagner vos mots des intonations requises, vous pouvez vous entraîner en l'absence de votre proche.

* Afin de mieux marquer vos phrases, vous pouvez imaginer les éléments de ponctuation, à mesure que vous parlez. Par exemple, vous pouvez vous entraîner à prononcer « Comment vas-tu ? » plusieurs fois, à haute voix, en dessinant un gros point d'interrogation dans votre tête. Vous verrez qu'il apparaîtra spontanément et de façon plus évidente dans votre voix !

Éviter de parler à la place de l'autre

Combien d'entre nous prennent la parole à la place de leur mari ou de leur femme, sans doute pour éviter que ses difficultés ne transparaissent, ou pour s'épargner un discours incohérent qui peut nous heurter ? Déposséder ainsi quelqu'un de sa parole, c'est prendre le risque soit qu'il renonce définitivement puisque de toute façon ce qu'il dit n'est pas considéré ou bien systématiquement corrigé, soit que cela lui devienne insupportable et le rende agressif.

Même s'il produit un discours pas toujours limpide au prix d'hésitations, il est essentiel de laisser le malade tenter de s'exprimer, non pas en le faisant à sa place mais en l'aidant à faire.

Discuter dans un endroit calme

Les troubles attentionnels sont souvent importants, avec en particulier des difficultés à sélectionner les informations pertinentes de celles qui le sont moins. C'est la raison pour laquelle il vaut mieux privilégier une discussion dans un endroit peu bruyant. Par exemple, les conversations pendant les repas peuvent être difficiles si plusieurs convives sont présents, et pire encore si la télévision ou la radio sont allumées.

En institution particulièrement, les repas sont parfois des moments compliqués pour le malade, parce que plusieurs personnes sont réunies et discutent… Or l'effet « ruche » perturbe le malade. Nous ne devons donc pas en rajouter en mettant une ambiance sonore. Il est judicieux d'aménager l'espace de façon adaptée, en évitant les grandes tablées, par exemple. Il convient surtout de faire du repas un moment convivial.

Ne pas utiliser le langage enfantin

Devenir Alzheimer, ce n'est pas retomber en enfance même si cette expression a été fréquemment employée. Certes, il peut être utile de simplifier le langage pour faciliter la communication… Sans pour autant tomber dans cet excès qui infantilise l'autre, qui est dégradant et inapproprié.

Préférer les situations duelles

Pour les mêmes raisons qu'il est souhaitable de discuter dans un endroit calme, il faut préférer les situations de discussion avec un seul interlocuteur. Cela évitera les difficultés de compréhension et permettra au malade de mieux suivre la conversion.

La presbyacousie (baisse de l'audition accompagnant le vieillissement) est un possible facteur surajouté qui rend la communication encore plus périlleuse, en particulier pour comprendre le langage dans une situation bruyante ou lorsque plusieurs personnes parlent ensemble.

À ce sujet, il convient d'anticiper et ne pas hésiter à consulter lorsque les troubles auditifs liés à l'âge apparaissent car un appareil de correction est envisageable mais une éducation doit l'accompagner. Notamment une rééducation orthophonique qui va consister à apprendre à la personne appareillée à reconnaître les sons du langage parlé avec l'appareil et à s'aider de la lecture labiale. Ce n'est évidemment pas quelque chose qui sera facilement réalisable chez une personne devenue Alzheimer.

Éviter les circonstances de mise en échec

La mise en échec n'est pas neutre car elle entraîne une mésestime chez le malade ; elle peut provoquer soit l'abandon, le renoncement, soit l'angoisse, la dépression, voire l'agressivité. C'est la raison pour laquelle il est essentiel de savoir quelles sont encore les possibilités du malade, ce que l'on peut lui demander ou pas. Nous l'avons déjà dit, il est inutile de le stimuler à tout prix. Rappelons-nous que le but n'est pas la performance, mais le maintien de la communication sur la durée !

De fait, si les chances que notre proche ou notre patient ne puisse répondre à une question, ou s'exprimer sur le sujet d'actualité, ou évoquer tel ou tel événement sont minimes, alors il est préférable de renoncer et de préférer un thème qui favorisera la réussite.

Nous voyons bien dans l'exemple de Denise (voir p. 94) que l'orthophoniste privilégie des exercices de communication qui sont liés aux sujets favoris de sa patiente : ses passions et son histoire personnelle.

Être clair et logique dans son discours et ses intentions communicatives

Là encore, l'objectif est d'éviter les difficultés de compréhension. Il faut donc présenter les informations au malade de manière logique et/ou chronologique, en évitant ce qui peut prêter à confusion et en étant clair dans ses intentions. L'idée est de bien faire sentir à la personne que nous posons une question, ou que nous affirmons ou nions quelque chose, que nous lui faisons un compliment, etc. Pour cela, encore une fois, nous ne devons pas hésiter à accompagner notre discours de gestes, mimiques et intonations allant dans le même sens.

Éviter les mots non spécifiques

Le vocabulaire de la personne atteinte de maladie d'Alzheimer disparaît progressivement. Ce sont les mots les moins employés qui partent en premier. Les mots abstraits, le double sens de certains mots peuvent aussi facilement ne plus être maîtrisés ; il convient alors d'essayer d'éviter leur utilisation.

Cela n'est pas toujours simple, car chacun a ses habitudes de langage avec soi-même et avec les autres. Mais nous l'avons précisé : il est utile de changer nos habitudes pour mieux nous adapter à la personne malade.

Ne pas hésiter à segmenter les consignes

À la fois en raison des troubles de mémoire et de compréhension, il vaut mieux, lorsque l'on s'adresse à un malade, demander une chose à la fois et s'assurer que la première demande est intégrée ou exécutée avant de passer à la suivante.

Si l'on propose : « Voulez-vous prendre le journal, l'apporter à M. Dupont et aller vous reposer dans votre chambre ? », il y a peu de chances pour que notre demande soit satisfaite. Il convient de décomposer notre souhait en trois temps, et attendre que la première consigne soit réalisée avant de proposer la seconde.

Utiliser les mêmes mots et les mêmes phrases pour les mêmes situations

Ne perdons pas de vue notre principe de base : ce qui est utilisé demeure utilisable plus longtemps et ce qui ne l'est pas disparaît plus vite. Il est donc possible de maintenir dans le stock lexical (le vocabulaire) certains mots en les utilisant régulièrement, plutôt que d'employer des mots différents pour parler des mêmes choses. Ce conseil s'applique également aux phrases, que l'on pourra employer de façon un peu stéréotypée pour faire référence à des situations identiques.

Par exemple, dire systématiquement : « Il est midi nous passons à table » permettra au patient d'intégrer la compréhension de cette phrase et de l'automatiser, de l'associer à la situation. Lorsque les capacités auront régressé, dire simplement cette phrase pourra éventuellement faciliter la réalisation de l'action correspondante.

Réagir avec bienveillance aux émotions exprimées par le malade

Être dément n'empêche pas de ressentir des émotions, et il convient évidemment d'y être très attentif. D'abord parce que c'est un moyen de comprendre ce que le malade ne peut pas forcément exprimer verbalement, que ce soit de la tristesse ou du bonheur, ou encore de la douleur. Ensuite parce que le malade vit dans ce monde qui mélange le passé, le présent et l'imaginaire, et qu'il est peut-être en train de revivre une situation particulière sans aucun rapport avec le moment présent, du moins pour nous. L'émotion qu'il ressent à ce moment-là est peut-être alors très forte, et explique pourquoi il paraît triste comme les pierres alors que rien ne l'indique, ou l'inverse.

> Sonia, qui séjourne en institution, se met souvent à hurler de déchirants « papa, papa ! » et fond en larmes lorsqu'elle approche de la table de la salle à manger. Son comportement laisse l'équipe soignante dans le plus grand désarroi.
>
> Un jour, la sœur aînée de Sonia explique que, enfant, Sonia a assisté à la mort de son père. Ce dernier, victime d'un accident du travail dans une ferme, avait été ramené chez lui, agonisant, et déposé sur la table de la cuisine. Ses filles avaient assisté à ses derniers instants, et avaient été traumatisées par la violence de cette scène.
>
> Quelque 70 ans plus tard, la vue d'une table (facteur déclenchant) replonge Sonia dans ce moment tragique qu'elle revit non pas simplement sous la forme de souvenirs douloureux, mais comme un événement du présent. Elle ressent les mêmes émotions qu'à l'époque, et les mêmes sentiments exprimés (ou pas) à ce moment-là.

Et c'est bien là le drame fréquent de nos proches ou de nos patients, qui revivent des moments d'émotion datant parfois de plusieurs décennies comme des moments du présent, avec la même intensité émotionnelle. Il est donc important pour nous, aidants, professionnels ou familiaux, d'avoir conscience de cette éventualité et d'en tenir compte.

Prêter attention aux messages non verbaux

De la même manière, et des études l'ont prouvé, la personne atteinte de maladie d'Alzheimer utilise volontiers les actes non verbaux (gestes, mimiques, regards) pour compenser le manque du mot, par exemple. Nous avons conduit une recherche qui a montré que ces malades utilisaient plus le non verbal que les personnes saines du même âge.

Ne perdons pas de vue cette chose essentielle : tant que l'énergie vitale est présente, elle cherche à s'exprimer par tous les moyens, même maladroitement, même d'une façon qui peut nous sembler inappropriée. Il convient donc de rester attentif et ouvert à ses formes d'expression.

Ne pas hésiter à utiliser le langage non verbal

Nous ne devons pas négliger l'utilisation du langage non verbal, qui permet de mieux faire passer les messages à un malade qui perd progressivement son vocabulaire et qui a du mal à intégrer des messages verbaux longs et complexes. D'autres recherches ont montré que les mêmes patients, dans les mêmes situations de communication, participaient davantage à l'échange lorsque l'interlocuteur renforçait son langage verbal par du non verbal. L'effet miroir peut favoriser nettement la communication, car le malade se sentira compris et accompagné dans son univers.

Un sourire, un regard, un toucher veulent parfois dire beaucoup plus que des mots. À un stade très avancé de la maladie, où toute communication semble impossible, il est important de pouvoir se dire qu'une simple présence est encore un moyen de communication. N'oublions pas non plus ce qui a été dit un jour : « Embrassez-moi, mes rides ne sont pas contagieuses. »

Lors d'une étude où, au cours de deux situations identiques avec les mêmes patients, l'interlocuteur utilisait le non verbal une fois, la fois suivante ne l'utilisait pas du tout, nous avons montré que les gestes semblent plus intéressants à utiliser pour attirer le regard du malade sur l'interlocuteur pour les situations qui requièrent de l'attention partagée (par exemple avec la présence d'un support visuel).

Les gestes sont bénéfiques dans la communication avec les malades Alzheimer et doivent donc être considérés comme un outil précieux à destination des aidants, professionnels comme familiaux.

Ne pas penser a priori que ce que dit le malade est incohérent

Essayons d'oublier un peu que nous sommes face à une personne atteinte de maladie d'Alzheimer. Cherchons plutôt la personne qui se cache derrière le malade, et qui est forcément là. Car le risque que nous courons alors est de nous dire trop rapidement : « Ça ne veut rien dire, c'est incohérent, c'est normal puisqu'elle est démente. » De fait, ce qui aurait été pris chez quelqu'un qui n'a pas cette étiquette comme une simple maladresse de langage risque d'être considéré comme un propos incohérent. Cela peut même aller plus loin et conduire à un renoncement anticipé : « Il est

Alzheimer, ce n'est donc même pas la peine que je parle avec lui, sa parole n'a forcément aucun sens. »

Si l'on n'intègre pas l'idée que la personne malade mélange passé et présent, le discours entendu paraîtra inévitablement incohérent. Mais si l'on accepte de « rentrer dans la démence » et dans le système de représentation du malade, il prend alors du sens.

Favoriser les actes de langage préservés

Notre objectif ici est de faire en sorte que le malade puisse utiliser ses capacités préservées, pour qu'elles demeurent utilisables plus longtemps, que cela le valorise et que tout simplement il puisse exprimer ses besoins, ses envies, ses émotions et ses opinions.

Dans cette optique, nous avons repris tous les actes que le QCA peut mettre en évidence afin de voir comment nous pouvions faciliter leur utilisation.

Questions fermées ou ouvertes

Le fait que notre proche ou notre patient pose des questions, qu'elles soient fermées ou ouvertes, est un excellent signe, car cela signifie que le malade intègre bien la présence de l'interlocuteur, qu'il s'intéresse à lui et qu'il est capable d'élaborer une question (un acte qui demande de mobiliser des ressources cognitives). Les actes de type « questions » sont rapidement de moins en moins fréquents dans le discours des patients. Il y a donc peu de consignes à donner pour créer des situations où le patient va pouvoir utiliser ces actes, en revanche il faut répondre à toutes ces questions avec empathie, sans doute aussi avec patience, car il est possible que les mêmes questions reviennent régulièrement.

Il s'assure de la compréhension de ce qu'il vient de dire par une question

Ainsi, le malade pourra dire : « Vous avez bien compris ce que j'ai dit ? » Cela peut être le signe que la personne a conscience de ses difficultés et qu'elle doute. La rassurer, ou demander « habilement » de reformuler si l'on n'a pas bien compris, est ce qu'il y a de mieux à faire. Par exemple, si la personne demande : « Je cherche ma (mot incompréhensible)… vous avez compris ? », nous pouvons répondre : « Oui, vous me disiez que vous cherchiez votre clé, c'est bien ça ? »

Il répond par oui ou par non à une question

Ce que l'on appelle les questions fermées, qui appellent une réponse par oui ou non, auxquelles on peut associer les questions à choix multiples (la réponse est dans la question), sont les actes qui demeurent le plus longtemps à la compétence du malade Alzheimer, car évidemment la charge cognitive est faible. Ce sont donc des actes qu'il va falloir privilégier, en particulier lorsque le malade ne pourra plus dire autre chose, car répondre par oui/non est possible jusqu'au dernier stade. Même si le patient répond sans avoir complètement compris la question, le lien demeure alors, et c'est l'essentiel.

Par ailleurs, la réponse à des questions ouvertes (où ? quand ?) est souvent difficile car le malade doit élaborer seul sa réponse, et le manque du mot peut l'empêcher d'exprimer ce qu'il veut dire. Dans ce cas, si à la question « Qu'est-ce que tu veux faire ? » le conjoint n'obtient pas de réponse alors qu'il l'a répétée plusieurs fois, il risque de se lasser, de ne plus demander et d'ôter son libre arbitre à l'autre. On peut lui proposer alors de poser différemment la question. Par exemple, demander : « Tu veux aller te promener ou regarder la télé ? » facilite la réponse. Ou encore, « Est-ce que tu veux aller te promener ? » est accessible pour un malade même lorsque ses capacités sont limitées.

Ces façons de formuler évitent la rupture du lien, évitent que le malade ne soit plus reconnu partenaire des situations sociales, ne soit plus reconnu « individu communicant » avec toujours cette double possibilité de réaction : « j'abandonne ou/et je me révolte ».

De la même manière, et c'est notamment vrai en institution, nous devons éviter que le malade ait l'impression de tout subir et de ne rien décider. Par exemple, le matin au lieu de dire : « Il est 7 heures, on se lève », le soignant peut demander : « Il est 7 heures, voulez-vous vous lever ? » Ou à la place de : « Il est midi, à table ! », il peut dire : « Il est midi, avez-vous faim ? » Les questions ainsi formulées pourront avoir une réponse et donneront au malade l'impression qu'il peut encore décider, que son avis est pris en compte. Quelque part, c'est un peu une illusion, mais peu importe. Ce qui compte, et c'est vrai pour tout le monde, c'est l'impression que l'on a de gérer sa vie (les optimistes) ou de la subir (les pessimistes). En agissant ainsi et en formulant les choses de cette manière, on donne au patient cette impression, voire cette illusion, mais c'est essentiel pour éviter la dépression, le repli ou l'agressivité face à une situation devenue insupportable comme nous l'avons évoqué auparavant.

Il répond à une question commençant par : où, quand, comment, pourquoi, qui, que…

Ce type de questions (ouvertes) est plus complexe car il faut aller chercher seul le vocabulaire pour répondre sans pouvoir s'appuyer sur la question. Si le patient est capable de répondre à ce type de questions, les situations seront nombreuses et il sera possible d'en poser. Mais attention, l'objectif est ici de maintenir la communication et communiquer ce n'est pas poser des questions dont on connaît les réponses, ça c'est un examen ! Il est inutile de demander à longueur de journée : « quel jour sommes-nous ? », « où sommes-nous ? », « comment s'appelle ta petite-fille ? »… Les questions posées doivent s'inscrire dans le cadre d'un échange normal entre deux interlocuteurs (autrement, nous retombons dans le piège de l'infantilisation du malade). Quand on pose une question, c'est que l'on a besoin ou envie d'en connaître la réponse.

Il répond à une question et justifie sa réponse

Ce type d'acte est aussi un signe positif, celui que les choses vont encore plutôt bien. Il faudra donc poser des questions comme précédemment et laisser du temps au malade pour qu'il puisse exprimer sa pensée jusqu'au bout.

Par exemple à la question « êtes-vous fatigué ? » le malade répond :
« Oui… j'ai mal dormi cette nuit. » Le « j'ai mal dormi cette nuit »
n'était pas demandé directement par la question, c'est une preuve
de la volonté encore intacte de communiquer, mais peut-être faut-
il laisser un peu de temps pour que le malade élabore ce type de
réponse.

Il nomme correctement un objet, une personne, un événement...

Cela signifie que le manque du mot n'est pas encore très important. Dans le cas où un langage plus élaboré, comme décrire un
événement ou exprimer un sentiment, un besoin en faisant des
phrases, serait en revanche plus difficile, il faudra alors s'arranger
pour que le malade dise simplement ce qu'il veut, ce qu'il ressent,
en utilisant un mot ou un groupe de mots. À ce stade, l'objectif est
surtout que l'on comprenne ce que le malade veut dire pour éviter
de générer une frustration, ou pour éviter qu'un besoin ne soit pas
satisfait.

Si faire le récit d'un événement est difficile, il convient de poser
alors une question simple appelant une réponse courte, par un
mot, un groupe de mots ou une phrase courte, permettant ainsi au
malade de se faire comprendre.

Il informe sur la possession d'un objet ou d'une idée

Dans ce cas, nous pouvons favoriser les situations où le malade
pourra dire à qui appartient tel ou tel objet, qui a exprimé
l'opinion ou telle idée, que ce soit en rapport avec l'actualité, des

faits récents ou beaucoup plus anciens. Par exemple : « À qui est cette voiture ? »

Il décrit un événement, une action, un déroulement...

Si cette possibilité existe, c'est une aubaine car cela permettra au malade d'exprimer beaucoup de choses, de relater les faits, les événements qui ont eu ou ont pour lui de l'importance. Dans ce cas, il faudra peut-être commencer par le questionner pour lui donner l'occasion de s'exprimer et le laisser ensuite exposer sa vision de l'événement, sachant qu'il peut s'agir de faits très anciens avec cette interférence, que nous avons déjà mentionnée maintes fois, possible avec le présent. Nous pouvons commencer par : « Racontez-moi, qu'avez-vous fait hier ? »

Il décrit les caractéristiques : d'un objet, de situations...

Si cette capacité est préservée, elle peut être utile pour compenser un manque du mot que le patient ne trouve pas. Il conviendra alors de lui demander de décrire (la forme, la couleur…) ce dont il s'agit. Encore une fois, il ne s'agit pas de jouer aux devinettes, juste de comprendre ce que le malade veut dire pour éventuellement répondre à sa demande. Ainsi, nous pourrons demander : « Ce dont vous me parlez, ça a quelle forme ? »

Il décrit le lieu, la direction

L'utilisation de ce type d'actes servira surtout à valoriser le malade. Le mettre dans une situation où il peut donner ces informations concernant le lieu lui permettra de s'exprimer, ce qui est déjà beaucoup et est l'objectif prioritaire. Nous pourrons rebondir sur un mot ou une phrase prononcée : « Cela m'intéresse, parlez-moi de la ferme où vous viviez quand vous étiez jeune. »

Il détermine des règles, des procédures

Ces actes font partie de ce que l'on appelle les automatismes verbaux, c'est-à-dire des actes soit isolés (jours de la semaine, mois de l'année, compter, etc.), soit plus élaborés comme expliquer une recette de cuisine, comment on taille un rosier, etc.

Ils sont souvent assez longtemps préservés chez le malade. Il faut donc en profiter et, en fonction notamment du domaine d'expertise de la personne, lui demander un conseil pour une recette de cuisine, un acte de jardinage, etc. C'est en plus valorisant. Nous pourrons, par exemple, solliciter un conseil culinaire : « J'aimerais bien que vous disiez comment on fait une tarte aux pommes. »

Il exprime ses impressions, ses jugements

Si cette faculté à exprimer ses impressions, son jugement sur un objet, un événement, une personne est préservée, alors, là encore, nous ne devons pas hésiter à poser des questions qui permettront au malade d'utiliser ces actes. Car pour tout le monde, s'entendre demander un avis – « qu'est-ce que vous pensez de cela ? » – est flatteur et valorisant. Pour une personne atteinte de maladie d'Alzheimer, ce n'est pas si fréquent d'être flattée et mise en valeur.

Il exprime ses émotions

Une étude que nous avons dirigée a montré que ces actes étaient aussi beaucoup utilisés par les malades, il semble manifestement y avoir un besoin d'exprimer son ressenti ; sans doute le malade n'a-t-il pas souvent l'occasion de le faire, il convient donc de lui en donner la possibilité en faisant preuve encore une fois d'empathie et en étant à l'écoute. Cela permettra d'exprimer des sentiments qui quelquefois viennent de très loin. Afin de solliciter la parole, nous pouvons amorcer par : « Est-ce que vous aimez être ici ? »

Il attribue des idées, des intentions, des émotions aux autres

À ce moment-là, nous pouvons demander à notre patient ou à notre proche ce que son voisin, son frère (ou autre) a l'intention de faire, ce qu'il pense de tel événement ou faire référence au passé et évoquer ses parents. Il se peut dans ce cas que le malade soit dans cet autre monde que nous avons évoqué et que l'avis des parents, qui y sont encore présents, soit à prendre en compte pour lui. Nous pouvons par exemple demander : « Votre père aimait-il aller à la pêche ? »

Il explique et justifie en donnant les causes, les raisons

Il convient alors de privilégier la question « pourquoi ? ».

Il manifeste sa présence au sein de la conversation en la débutant, en la poursuivant ou en l'interrompant

Sans doute a-t-il besoin de montrer qu'il est là, sans doute a-t-il peur qu'on lui « prenne sa parole » car il en a déjà vécu l'expérience. Alors cela nous renvoie aux différents cas de figure évoqués précédemment : il faut lui permettre de s'exprimer en privilégiant les actes encore utilisables.

Il établit des faits par le discours

C'est un peu comme « déterminer des règles et des procédures ».

Il prévient et avertit

Peut-être est-ce le reflet d'un trait de personnalité typique (maternel, protecteur). Il est préférable de le valoriser en remerciant le malade, par exemple, d'être si prévenant.

Il donne des ordres

C'est alors le reflet possible d'un autre trait de personnalité antérieur… Jouons le jeu !

Il fait de l'humour, il taquine

L'humour est souvent préservé et c'est un bon mécanisme de défense contre l'angoisse. Loin de nous en priver ou d'en priver notre malade, nous devons l'utiliser : communiquer dans un contexte détendu est une bonne chose.

Il utilise des expressions toutes faites plus ou moins conventionnelles

Nous sommes aussi dans les automatismes verbaux, lorsque nous aurons repéré ces expressions qui arrivent souvent de façon redondante, il est possible de créer la situation ou d'amener le discours sur un terrain qui permettra au malade de sortir à bon escient ces expressions.

Par exemple, si un patient n'utilise plus que des formules de politesse telles que « bonjour », « merci », nous pouvons faire en sorte de créer des situations où il pourra les utiliser.

Il utilise des gestes, des mimiques, des regards pour communiquer

Nous l'avons déjà évoqué, le langage non verbal vient fréquemment au secours du langage oral déficitaire. Il faut non seulement y prêter attention mais ne pas hésiter, en tant qu'interlocuteur, à l'utiliser. En effet, il facilite la compréhension.

En cas de difficultés spécifiques

Voyons à présent les difficultés spécifiques que peut rencontrer notre proche ou notre patient atteint de la maladie d'Alzheimer.

Quand le discours est incompréhensible...

Il peut arriver que la personne malade utilise des mots ou des expressions qui n'existent pas et qui empêchent de la comprendre ou fasse des fautes de grammaire qui nuisent à la compréhension de la phrase.

Le cas le plus fréquent est le manque du mot (la personne n'arrive pas à trouver le mot juste) ou ce que l'on appelle la paraphasie, c'est-à-dire employer un mot à la place d'un autre (« voiture » pour « citron », par exemple).

Dans ce cas, et toujours dans l'objectif que la personne se fasse comprendre et non pas qu'elle trouve absolument le mot, nous pouvons encourager notre proche ou notre patient à faire une périphrase, c'est-à-dire faire une phrase entière pour remplacer le mot. S'il cherche le mot, nous pouvons lui demander par exemple : « À quoi ça sert ? » Cela peut l'amener à répondre : « C'est pour écrire » et, dans ce cas, nous pourrons comprendre.

Nous pouvons également proposer plusieurs choix : « Est-ce que vous voulez parler d'un crayon ? » ou alors : « Vous voulez parler d'un couteau, d'un crayon, etc. ? » Nous pouvons aussi demander à la personne de donner un mot en rapport avec le « mot cible ». Ce peut être un synonyme, et même s'il est un peu éloigné du mot exact, il nous permettra peut-être de voir ce dont il s'agit (par exemple « ciseaux » au lieu de « couteau » peut se déduire d'après le contexte ou la gestuelle). Ce peut être aussi un qualificatif, du genre « c'est pointu » ou « ça coupe ». Nous pouvons encore solliciter un geste qui peut symboliser l'objet, mais aussi un événement, voire une idée… N'oublions pas l'importance du langage non verbal ! Demander à la personne de montrer ou de désigner l'objet (bien entendu, s'il se trouve à proximité) peut fonctionner.

Il convient d'avoir bien à l'esprit que l'objectif est d'aider le malade à dire ce qu'il veut dire et de nous aider, en tant qu'interlocuteur, à le comprendre. Par conséquent, il est indispensable de ne pas interrompre la personne si ses erreurs ne font pas obstacle à la communication, et de faire preuve de déduction, d'interprétation, en s'aidant notamment du contexte et de tout ce qui peut aider à comprendre, par exemple quel élément du présent, de la discussion, a pu amener le malade sur ce terrain.

Dans des cas, il faut bien le dire exceptionnels, la lecture peut être préservée. Il est alors possible de préparer des listes de mots importants que notre proche ou notre patient peut lire ou désigner le moment venu. Il faudra bien entendu s'assurer que la compréhension écrite est préservée, et non pas seulement la lecture à haute voix, ce qui est fréquemment le cas (la lecture à haute voix fait appel à des automatismes). On peut envisager de présenter des images, des icônes, au lieu des mots. Ce type d'aide a ses limites : le malade, devenu anosognosique, ne saisit plus l'intérêt de tout cela. En revanche, à des stades d'atteinte légère, l'écriture peut être utile pour soulager les problèmes de mémoire avec l'utilisation d'un cahier ou d'un agenda. On peut imager aussi que les technologies nouvelles (smartphones, tablettes numériques) pourront être utilisées pour les générations qui seront atteintes dans quelques décennies.

Les psalmodies de mots ou de syllabes sont assez fréquentes. C'est souvent la seule possibilité que la personne malade a trouvée pour s'exprimer. Il est donc inutile de combattre ces répétitions, même si elles peuvent être irritantes, car le malade n'a généralement pas conscience de ce langage vide de sens. Pour lui, il parle comme avant. L'empêcher de s'exprimer ainsi, c'est le contraindre à se taire, ce qui évidemment est inacceptable. Le langage grossier n'est pas rare non plus, il fait partie des automatismes verbaux et en plus, quand il est utilisé, il attire le regard et l'attention... Ce qui manque souvent aux personnes atteintes de maladie d'Alzheimer. C'est évidemment perturbant pour nous, qui sommes à ses côtés, mais combattre systématiquement ce langage risque d'avoir encore plus de conséquences négatives. Il est préférable dans ce cas de réagir calmement et de dévier vers une autre thématique.

Dans la lune

Dans le cas où la personne semble être « ailleurs », « à côté », lorsqu'elle répond à une demande par une phrase sans lien avec celle-ci ou n'agit pas ou ne s'exprime pas de façon adéquate par rapport à la situation, nous pouvons essayer plusieurs choses.

Le patient Alzheimer a des difficultés d'attention en particulier parce que certains de ses troubles ne lui permettent plus de faire le tri entre les informations pertinentes et celles qui ne le sont pas. Il est donc essentiel d'éviter tout élément susceptible de distraire son attention et de la canaliser en établissant et en maintenant le contact visuel, de créer ce que l'on appelle le « couloir intime de la communication ».

Diverses études ont montré l'importance des gestes et des mimiques qui, non simplement captent l'attention, mais facilitent aussi la compréhension venant parfois au secours, nous l'avons vu d'un lexique défaillant.

Toujours avec l'objectif de canaliser l'attention, il est souhaitable de se placer face au malade, au même niveau. Par ailleurs, de cette façon, on se positionne à égalité avec lui, on évite de donner l'impression que l'un (l'interlocuteur qui serait debout) est en position de supériorité par rapport à l'autre (le malade qui serait assis). Le respect de la personne malade en tant qu'interlocuteur passe aussi par là.

Afin de tenir compte de la fatigabilité du malade et des efforts que le fait de suivre simplement une conversation lui impose, il convient d'éviter les discussions longues et de faire des pauses dans la conversation. Cela peut contribuer, aussi, à une meilleure mémorisation.

Parfois, notre proche ou notre patient répond à côté parce qu'il n'a pas compris une phrase, ou même simplement un mot qui peut très bien avoir disparu de son vocabulaire. Dans ce cas, décrire ce dont il s'agit ou en donner la définition peut régler le problème. On peut imaginer, par exemple, que le mot « muselière » n'évoque plus rien pour le malade (il a disparu de son stock lexical). Dans ce cas, parler de « la chose que l'on met sur le museau du chien pour l'empêcher de mordre » peut éventuellement permettre au malade de se représenter ce dont il s'agit, de comprendre ainsi ce dont on lui parle, et poursuivre l'échange.

Les réactions verbales de paranoïa ne sont pas rares ; il est inutile alors de maintenir la discussion sur le sujet. Si notre proche ou

127

notre patient se plaint qu'on lui a volé ses clés, il est vain de renchérir : « Mais non, on ne vous a pas volé vos clés, vous les avez simplement perdues. » Il est préférable d'opter pour une réponse affective du type : « Ne vous inquiétez pas, je vais m'en occuper » et glisser sur un autre thème de discussion. La personne peut alors oublier cette thématique angoissante ou perturbante, qui peut aboutir à un comportement inadapté. À l'inverse, si nous persistons sur le sujet, nous risquons de renforcer et de maintenir inutilement cette idée dans l'esprit du malade. Il faut aussi savoir utiliser la maladie pour aider le malade !

Par ailleurs, cela peut aussi être un mécanisme de défense, il est en effet plus confortable de dire : « On m'a volé mes clés » que : « Je ne sais plus où je les ai rangées. » N'oublions pas que la personne touchée par la maladie a une confiance en elle très fragile. De la même manière, il ne faut pas hésiter à changer de thème si le patient « n'adhère » pas au thème de la discussion en cours ou s'il semble perturbé par le sujet abordé.

Parfois, et même si cela nous est difficile, il vaut mieux « entrer dans la démence », c'est-à-dire rejoindre la personne dans son univers.

Chaque soir vers 17 heures, Sonia, qui est en institution, veut absolument sortir pour aller chercher ses enfants à l'école. Or, les enfants en question ont aujourd'hui une cinquantaine d'années et ne sont plus scolarisés. Dans un premier temps, les soignants tentent de lui expliquer qu'elle fait erreur. Mais rien n'y fait : Sonia, convaincue de ce qu'elle vit et ressent, se débat pour sortir et marcher vers l'école. Le discours des soignants génère chez elle une grande angoisse, elle ne comprend pas qu'on lui interdise de faire son devoir de mère.

Après s'être remis en question, les soignants choisissent une autre « tactique » et rassurent Sonia en lui disant que, étant donné qu'elle est hospitalisée, ses amis se chargent de récupérer les enfants. Il a fallu répéter plusieurs fois ce discours, bien sûr, avant que Sonia l'intègre. Mais cela a fini par fonctionner.

De la même manière, il convient de se demander si le discours apparemment incohérent du malade ne fait pas référence à une situation qu'il « vit » mentalement et, comme précédemment, en tenir compte sans obligatoirement imposer le retour à la réalité.

Quand le fil est perdu...

Suivre le fil d'une conversation est difficile pour une personne atteinte de maladie d'Alzheimer, au regard des causes attentionnelles et mnésiques. Passer du coq à l'âne ou changer trop rapidement de discussion ne l'aide pas. Dans le cas où il faut le faire, nous pouvons prévenir le malade avec une formule du type « maintenant, nous allons parler de... » et rappeler régulièrement et habilement la thématique de la discussion.

Une cause fréquente de difficultés lors d'une conversation avec une personne malade est qu'elle risque assez facilement de s'écarter du sujet initial à cause de ses problèmes de mémoire en particulier : on discute sur un thème mais la personne risque de ne pas encoder ce dernier et, s'il s'écoule plus de quelques secondes sans qu'il y ait un rappel du thème, elle peut l'oublier. Il suffit alors d'un élément de l'environnement ou d'un souvenir pour l'entraîner vers tout autre chose.

Dans ce cas, il est préférable, pour éviter une mise en échec, de laisser le malade revenir spontanément au thème de discussion s'il s'en écarte légèrement et, s'il n'y revient pas spontanément, nous pouvons utiliser un mécanisme conversationnel tel que : « Vous me parliez de à l'instant de…, vous me disiez que… » et poser une question pour enchaîner.

Quand le discours tourne en rond

Dans ce cas, nous pouvons reprendre le sujet de conversation en faisant un résumé de ce qui a été dit, puis inviter la personne à compléter, en posant par exemple des questions, de préférence en allant du complexe au plus simple. Par exemple, on peut dire : « Vous me disiez que vous aviez deux enfants, un fils qui vit à Paris et une fille. Où habite-t-elle ? »

En effet, il faut avoir à l'idée qu'il vaut mieux solliciter les capacités encore préservées. Par conséquent si la réponse à des questions ouvertes est toujours possible, on peut le faire, mais en se donnant la possibilité de poser une question fermée si le malade ne réussit pas à répondre à la question ouverte. Le plus important est d'éviter de rester sur un échec.

Quand le discours est décousu

Dans les cas où la personne raconte un événement ou fait une demande mais qu'il n'y a pas de logique ou de chronologie dans son discours, une façon de faire est de « prendre la main » en lui posant des questions pour lui permettre de structurer sa pensée et/ou de la « canaliser ».

Nous pouvons aussi reprendre ce qu'elle a dit en relatant les informations ou les événements dans un ordre logique et/ou chronologique, et en l'invitant, comme précédemment, à poursuivre soit spontanément, soit en lui posant des questions.

Face aux contradictions

Si la personne se contredit, et que l'information qu'elle livre n'est pas essentielle, il est inutile d'insister ou de lui faire remarquer sa contradiction. Si nous devons obtenir l'information exacte, nous pouvons reformuler ce qu'a dit la personne et l'interroger par une question à choix multiples ou une question oui/non : « Vos clés, elles sont dans votre chambre ou elles sont dans votre poche ? » ou : « Vos clés, elles sont dans votre chambre ? »

Un autre moyen est d'essayer d'obtenir un acte permettant au malade de donner son avis, d'évaluer la situation : « Pensez-vous que vos clés peuvent être à la fois dans votre chambre et dans votre poche ? »

En fonction de ses capacités et de ses préférences

Il convient de tenir compte des capacités de notre proche ou de notre patient lors des échanges, mais aussi de ses centres d'intérêt, de ses goûts, de ses passions, de tout ce qui a fait sa vie. La maladie d'Alzheimer ne détruit pas tout et il est un mot qu'il convient de ne pas oublier : « plaisir ». C'est même celui qu'il faut privilégier au cours des échanges.

Par conséquent, il faut que l'interlocuteur s'adapte aux capacités du malade mais aussi au monde dans lequel il vit désormais. Il est essentiel non pas d'oublier la maladie (ce n'est pas possible), mais de l'intégrer, de faire avec. Cela veut dire d'abord qu'il ne faut pas jouer au « maître d'école » et poser des questions dont on connaît la réponse pour faire de la « stimulation ». Nous en avons déjà parlé, cette attitude risque d'avoir des effets inverses de ceux espérés.

Il est également inutile de vouloir systématiquement ramener le malade à la réalité car, même si cela est possible et lui fait prendre conscience de son erreur, cela ne sera que temporaire : en effet, compte tenu des troubles de la mémoire, il oubliera très vite ce « réajustement » et repartira dans son univers. Pour éviter toutes les conséquences négatives, dont nous avons déjà parlé, de ces « rappels à la réalité », il est préférable que l'interlocuteur s'adapte et puisse même, sous conditions, « rentrer dans la démence ». En effet, la personne malade Alzheimer vit dans ce monde où interfèrent sans distinction des éléments du présent et du passé, différent donc de celui de son interlocuteur.

Rejoindre l'autre dans son monde

Deux possibilités se présentent alors : soit chacun reste dans son monde et toute communication devient vite impossible, soit l'un des deux fait l'effort de rejoindre l'autre là où il se trouve. Le malade Alzheimer n'a plus les capacités de faire le voyage, si ce n'est pour un séjour très temporaire, c'est donc à « l'autre » de faire le déplacement. Bien sûr, tout cela doit s'appréhender avec prudence, tout dépend dans quel monde se trouve le malade. Si la situation vécue (re-vécue ?) est perturbante, il faut aider le malade à s'en sortir, non pas en lui disant qu'il se trompe mais en le rejoignant là où il est et en l'emmenant ailleurs.

En revanche, si cette situation lui donne du plaisir ou du bien-être, quel serait l'intérêt de l'en faire sortir ? Bien entendu, cela peut être difficile pour l'entourage familial d'échanger dans ces conditions avec le risque de retrouver des souvenirs qui seront un peu « déformés ». Si c'est le cas et que cet entourage en est affecté, il doit plutôt entraîner le malade vers un autre sujet. Ce qui est essentiel, c'est d'éviter les « non, ce n'est pas ça », « tu te trompes », « c'est du passé », etc.

L'épouse de Claude, un patient institutionnalisé, a eu un accident et est brutalement décédée. Après concertation, l'équipe soignante décide de l'en informer. Mais en recevant la nouvelle, Claude ne semble ni triste ni secoué. Il regarde l'équipe soignante avec un léger sourire teinté d'ironie et dit : « Vous vous trompez, moi je ne suis pas marié ! »

133

Que fallait-il faire ? Insister lourdement pour provoquer une souf-france ou laisser Claude dans son monde, qui le protégeait ? L'équipe soignante a opté pour la deuxième solution.

──── L'auteur en témoigne ────

* Je vais évoquer une de mes premières rencontres avec la maladie d'Alzheimer qui a sans doute déclenché chez moi l'envie de me pencher sur le sujet en tant que praticien et chercheur.

* Je demandai à une femme hospitalisée : « Quel âge avez-vous ? » Elle me répondit : « 125 ans, et vous ? » Sans trop savoir pourquoi, juste peut-être pour être sur la même longueur d'onde et faire un peu d'humour parce que j'ignorais comment m'y prendre, je lui répondis : « 154 ans. » À ce moment, la femme me regarda. Un léger sourire apparut sur son visage et elle me répondit : « Vous ne les faites pas ! »

* Plus tard, lorsqu'elle me revit dans les couloirs de l'hôpital, cette femme m'adressa à chaque fois un grand sourire. Sans doute ne savait-elle pas précisément pourquoi, mais manifestement elle gardait de notre rencontre un souvenir agréable, en tout cas bien plus que si je lui avais fait calculer son âge réel.

* Cela avait été sans doute pour cette dame un petit moment de plaisir et c'est bien là l'essentiel.

Compte tenu des difficultés d'encodage des nouvelles informa-tions, en un moment donné de l'évolution de la maladie, la vie de la personne touchée est constituée de tranches d'une durée de quelques secondes, qui n'ont pas forcément de liens entre elles. Si, en tant qu'aidants, nous réussissons à faire en sorte que, parmi ces tranches de vie, un grand nombre soit fait de (petits) plaisirs et d'un minimum de stress, alors nous aurons rempli notre rôle de façon juste.

Faciliter la communication

Par ailleurs, en lien avec les capacités résiduelles, lorsque le malade rencontre des difficultés sur un thème de discussion, et surtout si cela l'affecte, il est préférable de l'orienter habilement vers des thèmes facilitateurs, des thèmes sur lesquels on le sait à l'aise et motivé. C'est évidemment très variable d'une personne à une autre mais la famille, la profession ou les loisirs sont des classiques qui fonctionnent bien.

Au cours des échanges, nous devons nous arranger pour faire utiliser au malade des actes qu'il peut encore accomplir. S'il sait manipuler les actes de réponses fermées, nous pouvons préférer à la question ouverte « Que voulez-vous manger ? » la question à choix multiples « Voulez-vous manger de la viande ou du poisson ? ».

De la même manière, il ne faut pas hésiter à mettre la personne dans des situations au cours desquelles on sait qu'elle pourra utiliser certains actes, comme des automatismes (formules de politesse…), souvent facilement émis.

Favoriser l'émergence des émotions

Par ailleurs, l'émotion est à prendre en compte. Il ne faut pas hésiter à montrer des objets, des photos chargées affectivement qui peuvent provoquer une réaction, même forte. Il ne faut pas non plus tout « aseptiser », l'émotion fait partie de la vie.

Nous avons mené récemment (2011) une recherche[1] qui montre l'influence de l'émotion sur les capacités de communication des malades Alzheimer : elle est souvent clairement verbalisée, exprimée, au sein du discours des malades, mais elle montre aussi, indirectement, son influence à travers la qualité des performances communicationnelles des personnes touchées selon différents contextes de communication. Il apparaît clairement qu'un contexte d'échanges qui fait appel aux sentiments et génère de l'émotion chez le patient Alzheimer l'incite davantage à s'exprimer même si ses capacités linguistiques ne lui permettent pas toujours d'être cohérent.

La situation de communication « entrevue dirigée » (l'interlocuteur pose des questions sur la vie du malade) est celle qui facilite le plus d'un point de vue linguistique et cognitif la communication, contrairement à la tâche d'échanges d'informations (description de photos ou images). C'est aussi une situation qui a comme thématique « l'autobiographie », qui concerne donc le patient lui-même, son histoire, sa vie, ce qui évidemment est chargé affectivement.

La « discussion libre » permet au sujet de choisir sa thématique de discussion. C'est celle, dans notre étude, qui obtient le score intermédiaire, mais on note aussi que c'est au cours de cette situation

---

1. Rousseau, T. (2011), « Communication et émotion dans la maladie d'Alzheimer », *NPG Neurologie, Psychiatrie, Gériatrie*, 11, 65, 221-228.

qu'il y a le plus d'actes (adéquats et inadéquats). Cela signifie que ce type d'échanges suscite l'appétit de communication du patient parce qu'il a envie vraisemblablement d'aborder des sujets qui lui tiennent à cœur mais il éprouve des difficultés à verbaliser sa pensée, ses sentiments, son ressenti en particulier du fait des troubles cognitifs et linguistiques et ne peut pas bénéficier du « support » que fournit l'interlocuteur dans la situation d'entrevue dirigée.

La situation d'échanges d'informations est une situation neutre d'un point de vue émotionnel et aussi parmi celles qui demandent le plus de ressources cognitives. Les moins bonnes performances communicationnelles au cours de cette situation s'expliquent donc facilement.

Ces données ont des applications cliniques pour l'évaluation et la thérapie des troubles de la communication.

Cette étude confirme qu'il faut tenir compte de tous les autres moyens de communication, en particulier le non verbal, mais aussi la modification du comportement qui, dans bien des cas, doit être vue ou lue comme un moyen de communication et non pas simplement comme un trouble.

Cadrer et soutenir avec bienveillance

Face à certains troubles cognitifs et comportementaux, il est préférable d'adapter son comportement afin d'éviter soit de les aggraver, soit de provoquer une réaction inappropriée de la personne malade. Nous allons proposer ici quelques conseils, qui ne sont pas « universels », c'est-à-dire que s'ils sont pertinents pour certaines personnes, cela ne veut pas dire qu'ils le seront obligatoirement avec tous. C'est d'ailleurs une constante dans le domaine de la maladie d'Alzheimer : il n'existe pas d'approche miraculeuse, d'où la nécessité d'une adaptation personnalisée. Ceci étant, ces conseils visent à montrer comment nous pouvons cadrer et soutenir la personne touchée par la maladie, avec bienveillance.

Face aux troubles de la mémoire et de l'orientation

Nous en avons déjà parlé, il convient d'abord de ne pas attirer inutilement l'attention sur les erreurs et les oublis, mais de rappeler certaines informations (qui doivent être retenues) régulièrement. Si le malade prend conscience de ses oublis, le rassurer.

Dans certains cas, il peut être possible d'adapter l'environnement en particulier en créant des routines, habitudes qui serviront de points de repère (par exemple, en institution donner toujours la même place à table) et donc éviter tout changement inutile.

Face à la frustration

Il est sans doute préférable d'agir en amont pour éviter ces frustrations, pour cela il faut encourager le malade à agir par lui-même en lui proposant des choix. Le recours aux questions fermées ou même aux questions qui demandent une réponse par oui ou non est un bon moyen, et ce jusqu'à des stades très avancés.

Ainsi : « Voulez-vous vous lever ? », « avez-vous faim ? », « êtes-vous fatigué ? » « voulez-vous aller faire un tour ? » sont autant de questions qui donneront l'illusion au malade que c'est lui qui décide encore de ce qu'il fait de sa vie. Par ailleurs, si l'on obtient un « non » alors que le « oui » était attendu compte tenu de l'heure, du contexte, etc., il suffit de reposer la question quelques minutes plus tard et la réponse sera peut-être différente.

Face à l'angoisse et l'agitation

Après avoir recherché l'éventuel facteur déclenchant, il faut se montrer rassurant. Il convient de répondre aux sentiments exprimés car, comme nous l'avons vu précédemment, c'est peut-être un souvenir très ancien qui déclenche la réaction de la personne. On peut tenter de chercher l'élément du présent qui a provoqué le rappel de ce souvenir, pour éviter une récidive.

On peut alors proposer une activité qui fait oublier au patient ce qui a déclenché son angoisse ou son agitation.

La relaxation, notamment basée sur l'imitation, a montré des vertus apaisantes chez les personnes concernées par la maladie d'Alzheimer. Cependant, les séances nécessitent d'être préparées en amont avec un professionnel. Les malades semblent demeurer sensibles à l'état affectif d'autrui et l'absorbent de façon implicite pour en restituer une émotion identique à celle qu'ils ont perçue.

L'imitation peut ainsi donner une possibilité de conduite à adopter pour la prise en charge du malade, qui souvent laisse l'aidant ou le professionnel dans l'incompréhension et l'incapacité à le soutenir pour se défaire de ses troubles émotionnels et comportementaux lors de moments de crise. Dans ces conditions, les prises en charge dans les soins peuvent être repensées en termes d'imitation et aussi d'empathie. Le soignant peut ainsi devenir un repère sécurisant et non plus agressif.

Face à la colère et l'agressivité

Il convient évidemment de rester calme, de ne pas se sentir personnellement visé et de ne pas intervenir inutilement.

Face à l'agressivité nous ne devons pas nous opposer ni même tenter de raisonner mais plutôt, encore une fois, essayer de passer à autre chose.

En revanche, il convient tout de même de chercher la cause déclenchante qui, parfois, est liée à un environnement « mal compris ».

Ainsi Claude, un des premiers matins après son arrivée dans l'institution, a frappé deux aides-soignantes, lesquelles voulaient le déshabiller pour qu'il prenne une douche. Les aides-soignantes n'avaient pas prévenu Claude de leur intention, et ce dernier, n'ayant pas conscience d'être en institution, n'a tout simplement pas compris que ces deux femmes venaient dans sa chambre pour le déshabiller. Il s'est alors défendu... Et on peut le concevoir !

Face à un comportement embarrassant et déplacé

Il faut éviter de réagir trop vivement et de se montrer choqué, pour pallier une réaction excessive. N'oublions pas que nous avons aussi une fonction miroir ! En cas d'avances déplacées de la part de notre proche ou de notre patient, nous devons essayer de lui faire comprendre que ces avances ne sont pas bien vues et qu'il y a erreur de personne, sans pour autant faire preuve d'agressivité.

Quid de la sexualité ?

* Cela amène à réfléchir sur la sexualité des personnes démentes. La sexualité fait partie intégrante de la vie, et ce jusqu'à la mort, que la personne soit en bonne santé ou atteinte d'une maladie, qu'elle vive à domicile ou en institution.

* Il est donc important de ne pas la nier et d'en discuter, notamment dans le but d'aider les équipes qui sont, la plupart du temps, dépassées par la situation. Cela permettra, dans un deuxième temps, de prendre en soins la personne âgée institutionnalisée dans sa singularité. Il paraît impossible de permettre des relations sexuelles en institution sans analyse de la situation. Chaque être est différent, de par son comportement, son histoire, ses pensées et ses fantasmes. Il faut donc discuter en équipe des situations qui émergent, avec neutralité, dans le but de respecter au mieux les besoins et les désirs de la personne âgée.

Face à la déambulation et aux errances nocturnes

La déambulation, c'est-à-dire le fait de marcher sans but précis, peut être en rapport avec la désorientation mais aussi l'angoisse de s'arrêter (de mourir). Dans un tel cas, il faut évidemment éviter les conflits, le recours à la contrainte physique ou aux réprimandes, ainsi qu'aux médicaments (contrainte chimique).

Pour éviter cette déambulation, il est important que la personne reste active, et pour éviter les risques, il est nécessaire de prendre des dispositions pour sa sécurité, notamment en prévenant les voisins.

Concernant les errances nocturnes, le problème est assez semblable, l'angoisse étant encore plus vive la nuit. Une activité physique dans la journée peut éventuellement limiter ce risque dans la mesure où elle pourra éviter les périodes de sommeil diurne.

143

L'habillage

Comme pour tous les gestes de la vie courante, il faut aider à faire et non pas faire à la place ; par conséquent, il faut faciliter l'habillage de la personne, plutôt que de l'habiller.

Ce doit être également un moment où le malade pourra aussi faire des choix. Plutôt que de lui imposer une tenue, nous pouvons regarder avec lui quel vêtement il souhaite porter. Ensuite, nous pouvons disposer les vêtements, par exemple sur le lit, dans l'ordre où il convient de les mettre. Si nous ne préparons pas les vêtements « dans l'ordre », la personne risque de ne pas se souvenir qu'il est préférable d'enfiler son tee-shirt avant de mettre son pull-over, par exemple (l'apraxie de l'habillage est fréquente). Pour les femmes, ce peut être aussi un moment agréable, avec le maquillage dont il faudra peut-être simplifier la procédure.

Les repas

Le repas doit rester un moment convivial, là encore il faut permettre au malade de faire des choix à travers une communication adaptée.

Nina, une jeune aide-soignante, a remarqué qu'une de ses patientes était plus réceptive depuis qu'elle lui proposait de venir manger, plutôt que lorsqu'elle le lui imposait. Par ailleurs, Nina a pris l'habitude d'installer sa patiente à la même place, à chaque repas. En effet, elle a constaté que sa patiente aimait regarder par la vitre et qu'elle prenait plus de plaisir à manger face à la verdure.

Il convient également d'adapter les heures de repas aux besoins de la personne, et de ne pas être rigides sur les horaires.

La sécurité

La priorité est de protéger notre proche ou notre patient contre les objets et produits dangereux.

Nous devons aussi favoriser la circulation dans les lieux de vie, et pour cela, adapter les systèmes de verrouillage des portes et des fenêtres, et veiller à un éclairage suffisant.

Les activités diverses et l'exercice physique

Outre le fait que l'activité physique est profitable au fonctionnement intellectuel, elle joue aussi un rôle valorisant. Même les activités les plus simples, comme faire la vaisselle, mettre la table ou bêcher le jardin, peuvent donner au malade l'impression qu'il est utile et cela va le valoriser. C'est l'objectif du plaisir d'agir, qui doit guider le choix des actions, quitte à simplifier les activités pour que le malade réussisse à faire et arrêter l'activité au premier signe de fatigue ou de frustration.

La musique est aussi un support intéressant qui permet d'échanger sur un mode plus archaïque, et peut amener progressivement les malades vers plus de communication verbale.

L'utilisation des techniques de musicothérapie active, associée à l'écoute musicale, offre un mode d'entrée en communication avec des personnes ayant la maladie d'Alzheimer, en les replaçant dans un statut de sujets communicants.

—— L'auteur en témoigne ——

* Une étudiante que j'avais en stage, ayant une formation de musicothérapeute, a proposé un atelier de musique thérapeutique, en groupe, à des malades Alzheimer de stade modéré à sévère, vivant en institution. À l'issue de cette étude, une légère augmentation des comportements communicationnels a été mise en évidence chez chacun des participants, confirmant l'intérêt du média musique comme approche thérapeutique.

Nous le voyons, la sécurité de la personne malade n'est pas qu'une affaire de logistique. En tant qu'aidants, nous devons offrir au malade une présence contenante, ferme et bienveillante.

—— Ce qu'il ne faut pas faire... ——

* Vous avez peut-être vu le film *Tatie Danielle*[1], qui met en scène une dame âgée que tout le monde craint ? Ce personnage illustre bien l'agressivité dont peut faire preuve une femme vieillissante qui, au fond, blesse son entourage pour obtenir de l'attention et de l'affection. Cela est humain et, tant que cela fonctionne, pourquoi s'en priverait-elle !

* L'attitude « Tatie Danielle » peut être redoutée chez les soignants, qui, humains comme les autres, sont parfois à bout de patience avec ces « mauvais patients ». Pourtant, il leur appartient de se former et de travailler sur eux-mêmes, de façon à ne pas alimenter ces relations contre-productives. Car l'issue d'une telle relation peut être préjudiciable, surtout pour le plus faible : le patient âgé.

---

1. Film d'Étienne Chatiliez, 1990.

146

* C'est d'ailleurs ce qui nous est montré dans le film d'Étienne Chatiliez : après une période de « fusion » avec la jeune femme qui s'occupe d'elle à domicile, Tatie Danielle se retrouve abandonnée par la soignante, qui claque la porte après avoir insulté la vieille femme.

* Or, offrir une présence contenante à son patient exclut autant la fusion que le rejet !

Quels traitements, quelles thérapies ?

Nous savons désormais que l'essentiel de l'accompagnement de notre proche ou de notre patient passe par la communication et la qualité de cette dernière. Nous allons à présent répertorier tous les types de traitements préconisés dans le cadre de la maladie d'Alzheimer, afin d'explorer les pistes possibles pour accompagner le processus, qu'elles soient médicamenteuses ou non médicamenteuses.

Le rôle de la HAS

En France, la Haute autorité de santé (HAS) a proposé des recommandations pour le diagnostic et la prise en charge de la maladie d'Alzheimer (voir le carnet d'adresses, p. 173) dont les dernières datent de 2011. Nous reprenons, ci-dessous, les principales recommandations pour les traitements.

Tout d'abord, la HAS recommande que le patient soit informé le premier de son diagnostic. À sa demande, cette annonce est partagée avec une personne de son choix. En cas d'incapacité à exprimer cette demande, le diagnostic est annoncé à la personne de confiance, ou à défaut, à un membre de son entourage en présence du patient.

Le diagnostic ne se conçoit que dans le cadre d'un plan de soins et d'aides, qui comprend en fonction du stade de la maladie :

- une prise en charge thérapeutique ;
- une prise en charge coordonnée médico-psycho-sociale et environnementale du patient, et de son entourage ;
- d'éventuelles mesures juridiques.

Ce plan de soins et d'aides est suivi et réévalué régulièrement. Un référent identifiable (coordinateur paramédical) pourrait coordonner et assurer le suivi du plan de soins et d'aides.

Les structures de coordination peuvent être les réseaux, les centres locaux d'informations et de coordination (CLIC), les maisons pour l'autonomie et l'intégration des malades Alzheimer (MAIA), les maisons départementales des personnes handicapées (MDPH), les centres médico-psychologiques (CMP), etc.

La désignation précoce d'une personne de confiance est souhaitable, ainsi que la réalisation d'un mandat de protection future.

Les traitements médicamenteux

Il existe depuis plusieurs années des traitements spécifiques de la maladie d'Alzheimer dont l'efficacité est discutée. La HAS précise que « le traitement médicamenteux spécifique est une option dont l'instauration ou le renouvellement est laissé à l'appréciation du médecin prescripteur. Cette appréciation doit prendre en compte les préférences du patient et le rapport bénéfice/risque du traitement médicamenteux envisagé ».

La HAS ajoute : « Il est recommandé de réévaluer régulièrement le rapport bénéfice/risque du traitement médicamenteux spécifique. La poursuite ou l'arrêt du traitement dépend de cette évaluation. »

La question de ces médicaments anti-Alzheimer existants à ce jour s'est effectivement posée et alimente encore le débat : servent-ils à quelque chose ? Et leur balance bénéfice-risque est-elle toujours favorable ?

En France, environ 300 000 malades sont traités avec ces médicaments. En 2009, les traitements médicamenteux ont coûté 190 millions d'euros à l'assurance-maladie.

Les différentes études montrent un effet modeste mais néanmoins présent de l'efficacité de ces traitements, mais ils exposent aussi à de nombreuses interactions qui augmentent les risques d'effets indésirables et parfois de décès. C'est la raison pour laquelle la HAS a estimé le service médical suffisant pour continuer le remboursement de ces médicaments, tout en conseillant une réévaluation régulière.

Les traitements non médicamenteux

Les mêmes recommandations de la HAS envisagent diverses interventions non pharmacologiques, même si, du fait de difficultés méthodologiques, aucune de ces interventions n'a apporté la preuve de son efficacité.

Les interventions portant sur la qualité de vie

La qualité de vie est conditionnée par un confort physique et psychique de la personne malade, ainsi qu'un environnement adapté (voir les chapitres précédents).

La prise en charge psychologique et psychiatrique

Cette prise en charge, lorsqu'elle est envisagée, nécessite l'adhésion du patient. Elle peut s'inscrire dès l'annonce du diagnostic, et ce tout au long de l'évolution de la maladie. Elle est également proposée à l'entourage de la personne malade.

Les principaux objectifs sont, pour le psychologue et/ou le psychiatre, d'aider le patient à faire face aux bouleversements intrapsychiques et au traumatisme que constitue l'annonce de la maladie, de l'aider à maintenir une stabilité et une continuité de sa vie psychique, en dépit des troubles qui, par leur évolution, désorganisent de plus en plus ses processus de pensée.

L'accompagnement psychologique des patients dans l'annonce de la maladie leur permet d'exprimer leurs ressentis, représentations et craintes en lien avec la pathologie, de révéler les mécanismes défensifs mis en œuvre et de prévenir et/ou détecter les problématiques psychopathologiques souvent associées aux maladies neuro-dégénératives.

Le suivi psychologique a également pour objectif de travailler au maintien d'une image de soi satisfaisante, à mesure que la dépendance psychique et physique s'installe et s'aggrave.

L'objectif est également de permettre à l'entourage du patient de faire face aux souffrances psychoaffectives, aux modifications des rapports affectifs, aux difficultés de communication, ainsi qu'à la gestion des troubles du comportement, l'épuisement familial, la difficile décision de placement, etc.

Différents types de thérapies psychologiques peuvent être proposés et dépendent du stade d'évolution de la maladie (voir p. 41).

La prise en charge orthophonique

Cette prise en charge vise à maintenir et à adapter les fonctions de communication du patient (langage, parole et autres) et à aider la famille et les soignants à adapter leur comportement aux difficultés du malade. L'objectif principal est de continuer à communiquer avec lui, afin de prévenir d'éventuels troubles du comportement réactionnel.

Elle peut être prescrite à différents stades de la maladie, l'approche thérapeutique devant être évolutive et s'adapter aux troubles du patient, à son comportement, à sa motivation, à son histoire personnelle et aux possibilités de coopération avec l'entourage.

La prise en charge orthophonique concerne également les troubles de la déglutition.

Les interventions portant sur la cognition

La **stimulation cognitive** est une intervention cognitivo-psychosociale écologique (c'est-à-dire en rapport avec les situations de la vie quotidienne) : il s'agit de mises en situation ou de simulations de situations vécues (trajet dans le quartier, toilette, téléphone, etc.). Elle peut être proposée aux différents stades de la maladie d'Alzheimer et adaptée aux troubles du patient. Son objectif est de ralentir la perte d'autonomie dans les activités de la vie quotidienne. Le programme comprend un volet pour les patients et un pour les aidants. La prise en charge débutée par les psychologues, ergothérapeutes, psychomotriciens ou orthophonistes formés est prolongée par les aidants, à domicile ou en institution.

La stimulation cognitive doit être différenciée des séances d'animation, d'ateliers mémoire ou autres, à visée occupationnelle.

La **revalidation cognitive** est une méthode de rééducation neuropsychologique visant à compenser un processus cognitif déficient. Elle peut être proposée aux stades légers de la maladie d'Alzheimer et jusqu'aux stades modérés dans certains troubles dégénératifs focaux[1]. Elle ne se conçoit qu'individuellement et vise, tout comme la stimulation cognitive, à entretenir le plus longtemps possibles les capacités préservées du patient.

---

1. On parle de trouble focal lorsqu'il existe une atteinte sélective d'une fonction, le langage en particulier ou encore les praxies, les gnosies, une mémoire particulière... L'atteinte est donc au départ limitée à la fonction initialement touchée et ne s'étendra que plus tard.

Les interventions portant sur l'activité motrice

L'exercice physique (et notamment la marche) pourrait avoir un effet positif sur les capacités physiques et la prévention du risque de chutes. Cela n'exclut pas de solliciter des kinésithérapeutes, psychomotriciens et ergothérapeutes.

Les interventions portant sur le comportement

Les symptômes non cognitifs entraînent une détresse ou des comportements à risque. Ils doivent faire l'objet d'une analyse afin d'identifier les facteurs qui peuvent générer, aggraver ou améliorer de tels comportements. Cette évaluation doit inclure l'état physique du patient, son éventuelle dépression, ses angoisses et manifestations anxieuses, ses douleurs, son histoire personnelle, les facteurs psychosociaux, environnements et physiques qui peuvent influer, ainsi que l'analyse fonctionnelle et ses comportements.

La musicothérapie, l'aromathérapie, la stimulation multisensorielle, la *reality orientation*, la *reminiscence therapy*, la thérapie assistée d'animaux, les massages, la thérapie de présence simulée (vidéo familiale) et la luminothérapie pourraient améliorer certains aspects du comportement.

La HAS recommande également des interventions portant sur les aidants familiaux et professionnels. Il est préconisé que les aidants, familiaux comme professionnels, reçoivent une formation sur la maladie, sa prise en charge et sur l'existence d'associations de familles.

Quelles interventions pour les aidants ?

Un large choix d'interventions est proposé aux aidants, tels que :

- la psycho-éducation individuelle ou en groupe ;

- un groupe de soutien avec d'autres aidants, adapté à leurs besoins, dépendant entre autres de la sévérité de la démence ;

- un support téléphonique ou Internet ;

- une formation sur la démence, les services, la communication et la résolution des problèmes ;

- une thérapie familiale.

Ces interventions peuvent être proposées par les associations de familles, les MAIA, les CLIC, les accueils de jour, les réseaux, etc.

Les aidants qui présentent une souffrance psychologique doivent bénéficier d'une prise en charge spécifique, car la souffrance psychologique de l'aidant et son isolement sont des facteurs de risque de maltraitance du patient. Des structures d'accueil de jour, ou d'hébergement temporaire, permettent de soulager les aidants.

Un suivi interdisciplinaire est également recommandé, il est piloté par le médecin traitant en collaboration avec un neurologue, un gériatre ou un psychiatre. Sa structuration dépend du contexte local et des ressources disponibles, mais tous les patients devraient bénéficier des dispositions proposées :

- évaluation médicale du patient ;

- évaluation médicale de l'aidant et des proches ;

- évaluation environnementale ;

- évaluation sociale et juridique ;
- évaluation, proposition et ajustement des aides.

(Voir le carnet d'adresses en fin d'ouvrage.)

Thérapie écosystémique des troubles de la communication

Le schéma ci-dessous résume ce qui se passe parfois dans la communication avec un malade Alzheimer.

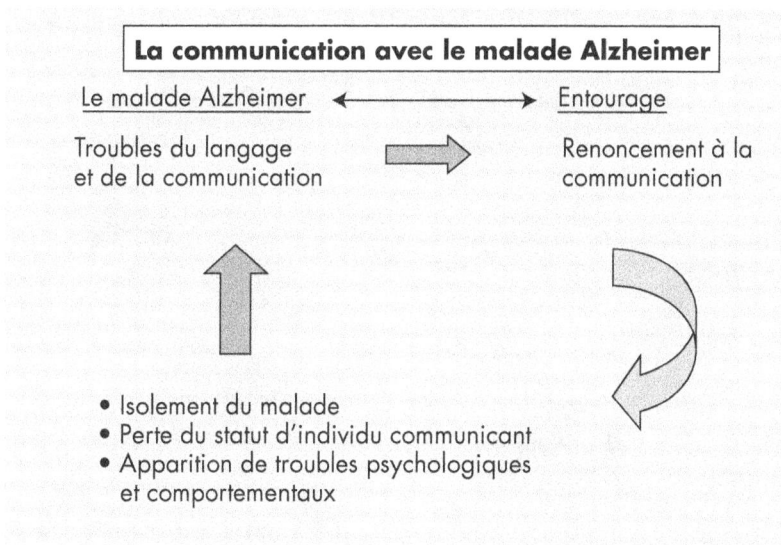

La communication avec le malade Alzheimer

Le malade Alzheimer ⟷ Entourage

Troubles du langage et de la communication

Renoncement à la communication

- Isolement du malade
- Perte du statut d'individu communicant
- Apparition de troubles psychologiques et comportementaux

La personne malade Alzheimer a effectivement, nous l'avons vu, des troubles du langage et de la communication qui vont rendre difficiles les discussions. Face à elle, désemparés, nous pouvons renoncer en nous disant : « Je ne sais pas quoi faire, quoi dire. »

Dans d'autres cas, l'image que nous avons de la maladie d'Alzheimer peut nous conduire à penser que « ses propos sont forcément incohérents puisqu'il est Alzheimer ». Le comportement de notre proche, nous l'avons évoqué, peut aussi représenter une barrière, soit parce qu'il fait peur, soit parce qu'il donne une image que nous n'avons pas envie (consciemment ou non) de voir.

Alors pour toutes ces raisons, nous pouvons abandonner l'idée de communiquer, et ne plus considérer notre proche comme un partenaire des relations socio-familiales. Cela peut se traduire par une forme d'« aquabonisme » : « Ce n'est pas la peine que je lui demande ce qu'il veut manger, il me répond n'importe quoi » ou : « Ce n'est pas la peine de lui en parler, il ne s'en rappelle plus. »

Quelle sera alors la conséquence pour notre proche, dans cette situation ?

Le cercle vicieux du renoncement

Là encore les réactions seront variables selon les personnalités notamment. On va souvent osciller entre deux réactions quasi opposées.

Notre proche va se révolter, va réagir à cette situation qu'il ne supporte pas et qu'il ne comprend pas, même s'il ne l'analyse pas avec des moyens « normaux ». Il va se manifester avec ses moyens à lui, liés à son état cognitif et nous retrouverons des troubles tels que l'agressivité (« puisque l'on m'abandonne »), les cris ou bruits intempestifs (« puisque l'on ne m'entend pas »), ou encore des insultes, etc. Ces comportements sont donc ici réactionnels à une situation que le malade ne supporte pas, et sont des moyens « archaïques », conséquences de la maladie, mais provoqués par l'environnement. Une personne qui réagit de cette façon va devenir celle qu'en institution, les soignants appellent parfois le « mauvais résident ».

Dans un autre cas de figure, notre proche peut aussi renoncer car comme le dit le psychiatre Jean Maisondieu : « À quoi ça sert de parler avec ceux qui ne me prennent plus que pour un vieux fou ? » Il risque de sombrer dans l'apathie, de ne plus adresser la parole à personne, de passer son temps à somnoler en regardant la télévision. Il devient alors le « bon résident » de l'institution, mais ce malade-là a renoncé à se battre, il a rendu les armes… Le risque en institution (mais pas seulement) est que les soignants soient tentés de transformer tous les « mauvais malades » en « bons malades ». Cela est possible avec des traitements médicamenteux (neuroleptiques) qui n'ont cependant pas qu'un effet sur le comportement perturbateur, ils réduisent aussi toutes les activités motrices et intellectuelles du sujet, qui n'a évidemment pas besoin de cela ! Et même si l'on n'arrive pas forcément à cette situation extrême, le fait que nous renoncions en tant qu'aidants contribuera à accélérer la dégradation des capacités cognitives du patient.

L'approche thérapeutique appropriée doit donc rompre ce cercle vicieux, qui entraîne le renoncement de l'entourage, ce qui se soldera au bout du compte par une accélération du processus dégénératif. Rompre ce cercle vicieux, c'est l'objectif de la thérapie

159

écosystémique des troubles de la communication, que nous développons depuis quelques années.

Cette thérapie est ainsi dénommée car elle va intervenir sur le milieu naturel, sur l'environnement dans lequel évolue l'individu. Elle va donc agir sur ses systèmes de vie, en particulier sur le microsystème familial du malade. Elle n'exclut pas une intervention d'approche plus cognitive, ou du moins cognitivo-comportementale. Elle la complète en plaçant l'intervention à un niveau beaucoup plus étendu.

Intervention orthophonique auprès du patient

Le travail de l'orthophoniste va consister à faire utiliser au malade toutes ses compétences communicationnelles préservées, pour qu'elles demeurent fonctionnelles le plus longtemps possible. Pour cela, il utilisera tous les facteurs facilitateurs qu'il a cernés, grâce à son évaluation avec la GECCO, tout en évitant les facteurs inhibiteurs ou perturbateurs.

> C'est la méthode que l'orthophoniste de Denise a appliquée, pendant plus de deux ans. Il a choisi des facteurs facilitateurs en encourageant Denise à évoquer sa vie personnelle.

Vu de l'extérieur, ce travail peut paraître simple, car on pourrait croire que l'orthophoniste se contente de discuter. En réalité, il doit avoir à l'esprit tous les éléments de son évaluation et en tenir compte dans cet échange avec son patient pour faire en sorte que ce dernier soit en condition pour utiliser les actes qu'il maîtrise encore.

Il sera également nécessaire que le thérapeute obtienne des informations de la part de l'entourage proche du patient, notamment concernant sa vie passée personnelle, professionnelle, ses loisirs, ses passions. Ces domaines constituant des thématiques de discussion à prendre en considération et pouvant aussi permettre de faire des liens avec un discours qui peut par ailleurs paraître incohérent. La réalisation d'une histoire de vie est souvent souhaitable, un échange à partir d'un album photos par exemple étant un bon moyen de faire en sorte que le patient soit dans de bonnes conditions pour communiquer.

Intervention au niveau de l'entourage familial et/ou professionnel

C'est sans aucun doute à ce niveau que se joue principalement la thérapie. Les possibilités d'adaptation du patient étant quasiment inexistantes, c'est à l'entourage que l'on va demander de faire l'effort de s'adapter aux modifications des capacités de communication du malade. On lui demandera de modifier son propre comportement de communication pour qu'il s'adapte à celui du malade dans toutes les circonstances de la vie quotidienne. D'où les qualificatifs de *comportementale* et *écologique* que l'on a employés pour cette intervention.

Pour ce faire, il convient de livrer à l'entourage toutes les informations recueillies grâce à la GECCO. Il ne s'agit bien sûr pas de tout livrer en bloc mais progressivement et en montrant, au cours des séances, comment modifier son propre comportement de communication pour pallier tel ou tel trouble spécifique. Par exemple, si la grille nous indique que le discours du patient est beaucoup plus adéquat lorsqu'on lui pose des questions fermées plutôt que des questions ouvertes, on l'expliquera à l'entourage et on lui montrera comment remplacer dans son propre discours les questions ouvertes par les questions fermées. La démonstration avec le malade et en présence d'un membre de l'entourage est indispensable. Les moyens utilisés sont donc les explications, les démonstrations accompagnées d'un support écrit.

Il peut donc s'agir d'un membre, voire plusieurs, de l'entourage familial, ou de l'entourage professionnel si le patient est institutionnalisé. Dans ce cas, il sera généralement souhaitable de prévoir une information pour l'ensemble du personnel qui intervient auprès du malade (aide-soignante, infirmière, ergothérapeute…) et de travailler plus spécifiquement avec une personne-ressource.

C'est ce que l'orthophoniste a fait en demandant à l'époux de Denise de prendre part à la thérapie. Ainsi, le mari de Denise a reçu tous les conseils adéquats, pour pouvoir mieux communiquer avec elle (voir p. 103).

Comme il l'a confié à l'orthophoniste, cela lui a permis de porter un autre regard sur sa femme et sur la maladie. Il a parfaitement adhéré à cette approche, devenant ainsi moins distant, et reprenant du plaisir à discuter avec son épouse : « Denise a évoqué des souvenirs anciens, avec beaucoup de bonheur. Elle m'a surpris en me livrant certains faits plus sincères qu'elle ne l'aurait fait dans d'autres circonstances. J'ai eu la sensation de la découvrir. »

Ce changement d'attitude de l'époux a eu aussi des effets positifs sur le comportement de Denise, qui a retrouvé une sorte de vie « normale ». Elle a pu discuter, se sentir écoutée et a pris plaisir à voir son mari proche d'elle. Sans doute mieux intégrée à la vie familiale, elle est devenue moins irritable, moins déprimée.

Cette thérapie écosystémique est à mettre en place dès que des difficultés de communication seront repérées. Le rythme des séances est variable, on peut considérer qu'au début, une à deux séances hebdomadaires sont souhaitables. Il s'agit de partager le travail entre les séances individuelles et les explications à l'entourage. Lorsque l'entourage aura toutes les données en main, il sera possible d'espacer les séances avec lui mais il conviendra de réajuster les explications lorsqu'une nouvelle évaluation des capacités de communication aura montré des changements nécessitant de nouveaux conseils.

Les améliorations apportées par la thérapie n'ont évidemment pas empêché l'évolution irrémédiable du processus de la maladie de Denise. Sans doute l'a-t-elle malgré tout ralenti. Les capacités cognitives globales ont progressivement décliné (atteinte profonde) et le comportement de Denise est devenu difficile avec, entre autres, des déambulations entraînant des risques d'errance. Son époux étant lui-même très âgé et malade, il a fallu penser à l'institutionnalisation. L'orthophoniste en a bien évidemment discuté avec l'époux de Denise, et, après un accueil de jour pour la préparer et la familiariser avec la structure d'accueil, elle est entrée en institution, où elle a pu bénéficier d'une prise en charge adaptée.

À un stade évolué de la maladie, comme c'est souvent le cas en institution, c'est ce travail avec les aidants qu'il faudra privilégier. Pour cela on peut envisager des séances ou un travail plus écologique lors de conversations entre le malade et l'aidant avec la présence de l'orthophoniste qui pourra donner ensuite des conseils, après avoir observé ce qui s'était passé.

À ce moment donné, dans les phases terminales de la maladie, lorsque la communication verbale devient quasi impossible, il faudra tenter de maintenir le lien en passant par le non verbal (regards, mimiques, gestes, toucher, présence). On sera alors dans ce j'appelle volontiers un accompagnement de fin de vie communicationnel.

Quelles perspectives pour cette thérapie ?

Il est possible d'envisager (un travail de recherche est en cours) un élargissement de cette intervention vers les partenaires sociaux (commerçants, coiffeur, etc.) en réalisant notamment un guide de communication pour les sensibiliser aux difficultés de leurs clients, les aider à adapter leur communication et ainsi améliorer leurs échanges. Ceci pourrait éviter le repli sur elles-mêmes des personnes touchées par la maladie et l'abandon, parfois prématuré, de toute vie sociale.

Les schémas ci-dessous résument l'action de la thérapie écosystémique.

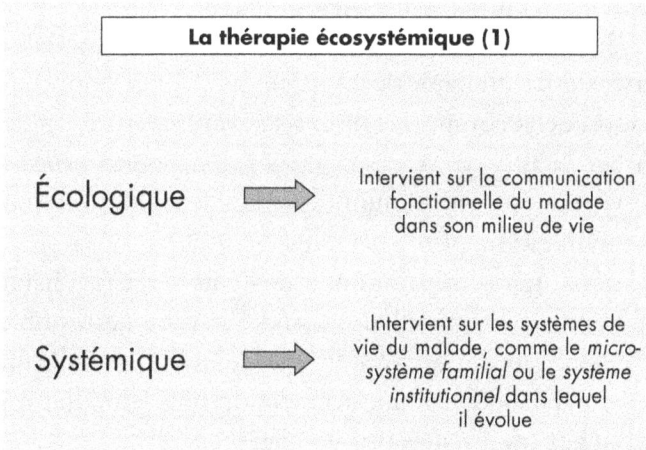

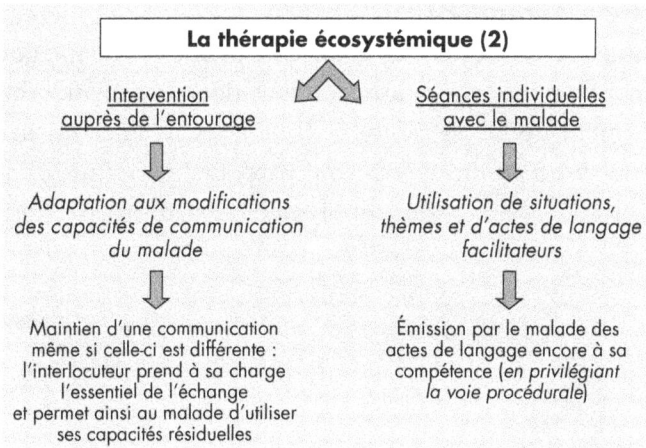

La thérapie écosystémique (1)

Écologique ➡ Intervient sur la communication fonctionnelle du malade dans son milieu de vie

Systémique ➡ Intervient sur les systèmes de vie du malade, comme le *microsystème familial* ou le *système institutionnel* dans lequel il évolue

La thérapie écosystémique (2)

Intervention auprès de l'entourage	Séances individuelles avec le malade
⬇	⬇
Adaptation aux modifications des capacités de communication du malade	*Utilisation de situations, thèmes et d'actes de langage facilitateurs*
⬇	⬇
Maintien d'une communication même si celle-ci est différente : l'interlocuteur prend à sa charge l'essentiel de l'échange et permet ainsi au malade d'utiliser ses capacités résiduelles	Émission par le malade des actes de langage encore à sa compétence (*en privilégiant la voie procédurale*)

Efficacité de la thérapie écosystémique

Comme l'a souligné la HAS, l'évaluation objective de l'efficacité d'une thérapie non médicamenteuse se heurte à des difficultés méthodologiques : il est impossible de mener l'étude en aveugle, de modéliser l'approche thérapeutique, de contrôler toutes les variables. Un certain nombre d'études de cas ont été réalisées sur l'efficacité de la thérapie écosystémique. Elles montrent une amélioration de la communication à six mois des patients suivis en orthophonie et une baisse des capacités des patients non suivis. Il est observé ensuite une diminution plus lente des capacités des patients suivis, par rapport à ceux qui ne sont pas suivis. Il a également été noté un fort impact auprès de l'entourage familial notamment, qui évoque une meilleure compréhension des troubles, une meilleure communication avec le malade, moins de culpabilité. Il est observé parallèlement une dégradation plus lente des capacités cognitives chez les malades pris en charge.

Cette prise en charge est très particulière, différente de ce qu'un thérapeute a l'habitude de faire, car il ne peut espérer une guérison, et rarement une amélioration de l'état de son patient, plutôt un ralentissement de la dégradation. Il va s'agir d'aider un malade à conserver jusqu'au bout de son parcours le statut d'individu communicant, et donc tout simplement le statut d'être humain.

```
┌─────────────────────────────────────────┐
│   Action de la thérapie écosystémique    │
└─────────────────────────────────────────┘
```

FACTEURS INDIRECTS :

Contexte de
communication

Prise en charge de l'échange par
l'interlocuteur qui permet au malade
d'utiliser ses capacités de
communications encore préservées

⬇

MAINTIEN voire
AMÉLIORATION DES
CAPACITÉS DE
COMMUNICATION

⬅➡

Le malade est de
nouveau reconnu
comme individu
communicant à ses
yeux et aux yeux
de son entourage

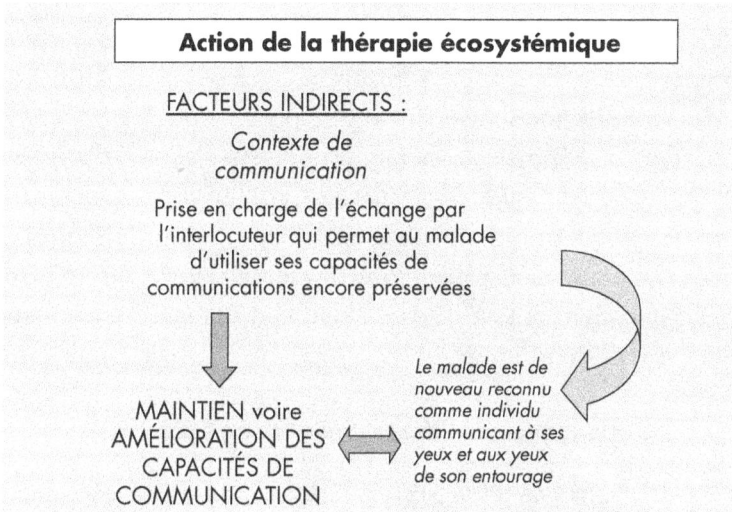

Autres interventions thérapeutiques

D'autres approches non médicamenteuses (voir recommandations HAS) visant plus globalement les fonctions cognitives peuvent être mises en place soit avant la thérapie écosystémique, c'est-à-dire avant que n'apparaissent les troubles de la communication, soit parallèlement. C'est au professionnel de juger à quel moment il est souhaitable de modifier ou compléter son intervention. Les approches que nous allons citer sont plus fréquemment à mettre en œuvre aux stades précoces de la maladie, lorsque la personne a encore la capacité de répondre à certaines sollicitations. À des stades plus évolués, l'effort demandé peut être trop lourd pour le malade, le risque d'échec trop important, à tel point qu'il peut être amené au découragement et au renoncement.

Le thérapeute devra apprécier (ce qui n'est pas toujours simple) le moment où il devra changer son approche en se basant sur l'évolution des troubles mais aussi sur le comportement et la réceptivité du malade à son approche thérapeutique. Au début de la maladie une approche de style stimulation cognitive ou cognitivo-comportemental est indiquée, ensuite il faudra introduire progressivement la thérapie écosystémique davantage ciblée vers le patient puis vers le patient et l'entourage et enfin, à des stades très avancés, davantage vers l'entourage.

Les approches thérapeutiques en trois points

Les grands principes de ces approches thérapeutiques peuvent être résumés ainsi :

- optimiser les performances du patient ;

- tirer parti des capacités préservées ;

- exploiter les facteurs susceptibles d'améliorer les performances.

Voyons à présent les différents types de thérapies possibles.

La stimulation cognitive

Ces programmes de stimulation cognitive s'inscrivent dans une perspective globale et pragmatique : il s'agit d'un ensemble de méthodes pédagogiques sous forme d'applications pratiques, en correspondance avec les situations de vie quotidienne, regroupées dans des séances qui peuvent être collectives. Elles ont pour but de créer une dynamique de groupe favorable aux échanges sociaux, au maintien des savoirs cognitifs et fonctionnels résiduels.

Les patients sont encadrés par plusieurs thérapeutes qui adaptent la difficulté des applications pratiques en fonction du degré de l'atteinte cognitive. En outre, le programme de stimulation cognitive comporte une formation des familles et soignants pour prolonger dans le quotidien l'action des thérapeutes, ainsi qu'un soutien psychothérapique des patients, familles et soignants.

La thérapie cognitivo-comportementale

La prise en charge cognitive cherche, à partir d'une évaluation des fonctions cognitives objectivant les déficits et les capacités préservées du sujet, à appliquer des stratégies rééducatives appropriées à la spécificité de chaque trouble. Des recherches ont montré que cette approche cognitive, sur le versant de la prise en charge des troubles mnésiques, pouvait être efficace chez les patients Alzheimer à un stade débutant. Une telle prise en charge implique naturellement la participation active d'un aidant pendant l'évaluation et la réadaptation, pour s'assurer que les stratégies acquises soient employées systématiquement dans la vie quotidienne.

Cette thérapie repose sur différents modes d'intervention.

Les stratégies de facilitation

Il s'agit de proposer au patient des stratégies efficaces compte tenu des capacités maintenues pour faire face à la vie quotidienne. Il peut s'agir, par exemple, de proposer certains moyens mnémo-techniques pour mémoriser plus facilement certaines informations.

Les techniques d'apprentissage ou de réapprentissage

- *La technique de récupération espacée* : une information est donnée au patient et il doit immédiatement la redonner, puis au bout de 5 secondes, puis 10 secondes, 15... lorsqu'elle est redonnée après un temps suffisamment long, on peut considérer qu'elle est encodée donc mémorisée.

- *La technique d'estompage* : une information est donnée avec beaucoup d'indices. Pour récupérer l'information cible, les indices sont progressivement « estompés ».

- *L'apprentissage sans erreur* : il s'agit du renouvellement d'expériences, la « ritualisation » comme nous l'avons vu, consiste à mémoriser un trajet en l'effectuant un certain nombre de fois.

Utilisation d'aides externes

Il s'agit, par exemple, d'utiliser un agenda sur lequel sont indiquées les informations essentielles dont peut avoir besoin la personne malade. On peut penser que les technologies nouvelles vont pouvoir très prochainement apporter une aide importante à ce niveau.

La thérapie de la réminiscence

Elle se définit comme le rappel vocal ou silencieux d'événements passés de la vie d'un patient dément, individuellement ou en groupe. Elle consiste en des réunions hebdomadaires durant lesquelles les participants sont invités à parler de leur vie antérieure, avec le soutien matériel de photos, vidéos, musique ou objets signifiants. La mémoire des faits anciens étant souvent la dernière à se détériorer dans la maladie d'Alzheimer, il en a été inféré que la réminiscence pouvait être un moyen de communication avec les malades, en se centrant sur une capacité cognitive persistante même à un stade avancé de la maladie.

Groupes de parole

Il s'agit en particulier des groupes de conversation, mais aussi de la thérapie de réminiscence et de la thérapie de validation qui peuvent s'adresser à un groupe mais aussi de façon individuelle.

La thérapie de la validation

Il s'agit de proposer un comportement homogène et cohérent à l'égard du dément tenant compte des troubles : désorientation, confusion dans le temps, déplacements répétitifs et état végétatif, quel que soit le stade d'évolution de la démence.

La musicothérapie

La musicothérapie, qui peut être basée sur une approche réceptive ou active, est une approche originale qui cible les troubles de la communication et du comportement. La musique, en permettant un support commun à la relation, permet d'échanger sur un mode plus archaïque, afin d'amener progressivement les malades vers plus de communication verbale.

L'utilisation des techniques de musicothérapie active, associée à l'écoute musicale, offre un mode d'entrée en communication avec des personnes ayant la maladie d'Alzheimer, en les replaçant comme sujets communicants.

Cette approche particulière permet l'observation d'effets intéressants à plusieurs niveaux : une optimisation des situations d'interaction entre les participants. L'utilisation de la musique comme médiateur donne l'opportunité à des sujets enclins à un certain isolement de s'exprimer de manière verbale ou non, autour de thèmes porteurs et par conséquent qui ont été investis affectivement. À moyen terme, des effets thérapeutiques bénéfiques sur les capacités des sujets à se resituer de manière durable dans une véritable dynamique de communication avec autrui, suite à une prise en charge au sein de l'atelier d'écoute musicale, peuvent aussi être observés.

La thérapie assistée d'animaux

Différents travaux ou simplement des observations ont montré d'une part un bien-être, un comportement plus apaisé en présence d'animaux, d'autre part l'amélioration de la communication avec un médiateur tel que le chien auprès d'une personne Alzheimer. Cela peut se faire de manière informelle, à domicile, avec l'animal du malade ou de manière plus thérapeutique sous forme d'ateliers pour tenter d'optimiser les capacités résiduelles de communication.

Carnet d'adresses

Quelques informations utiles…

Les structures à consulter

Il existe plusieurs types de structures pouvant accueillir les personnes atteintes de maladie d'Alzheimer.

Les **UPAD** (Unités pour personnes âgées désorientées) sont rattachées à un EHPAD (Établissement d'hébergement pour personnes âgées dépendantes). Il s'agit d'un lieu sécurisé (fermé) où les résidents peuvent vivre et se déplacer sans contrainte. Ces structures d'accueil donnent lieu à une organisation spécifique, dispose d'un nombre de lits limité et d'un personnel formé.

Les **PASA** (Pôles d'activités et de soins adaptés) sont destinés à accueillir des malades atteints de maladie d'Alzheimer dont les troubles du comportement sont modérés. Les malades d'Alzheimer sont ainsi séparés des autres résidents pendant la journée pour profiter d'activités thérapeutiques et sociales spécifiques, et déambuler en toute sécurité dans des espaces aménagés. Cette séparation peut être bénéfique aussi aux résidents d'un EHPAD souvent perturbés par les symptômes déroutants que présentent certains malades d'Alzheimer. D'autre part, les malades sont plus libres dans leurs mouvements dans cet espace de vie qui leur est exclusivement dédié.

Les **UHR** (Unités d'hébergement renforcé) sont plus particulièrement destinées aux malades d'Alzheimer ou de maladies apparentées souffrant de troubles du comportement sévères. Le personnel soignant travaillant dans l'UHR est donc spécialement formé et plus nombreux. Un personnel spécialisé est aussi présent (ergothérapeute, psychologue, orthophoniste, assistant de soins en gérontologie). De plus, ces unités, sécurisées, ont une capacité limitée, en moyenne entre 12 et 14 places afin d'assurer un suivi personnalisé. L'aménagement des locaux doit également être adapté aux spécificités du malade d'Alzheimer. L'accueil en UHR est, en théorie, transitoire, le malade devant rejoindre une autre structure lorsque ses troubles du comportement ont régressé.

Les sites Internet à consulter

Fédération nationale d'orthophonistes (FNO) : www.orthophonistes.fr

GLOSSA (revue scientifique en orthophonie) : www.glossa.fr

Haute Autorité de santé (HAS) : www.has-sante.fr

Laboratoire UNADREO de recherche clinique en orthophonie (LURCO) : www.lurco.fr

Union nationale pour le développement de la recherche et de l'évaluation en orthophonie (UNADREO, société savante) : www.unadreo.org

Accueillir le mouvement
pour maintenir le lien

Cet ouvrage n'a bien sûr pas été conçu pour présenter un tableau « attirant » de la maladie d'Alzheimer, mais pour essayer d'aider tous ceux qui sont amenés à y faire face, pour qu'ils aient à disposition un certain nombre de moyens pour lutter et non abandonner, et surtout pour éviter qu'à cette pathologie organique se surajoutent des troubles psychologiques et réactionnels. En effet ces troubles surajoutés risquent de toucher non seulement le malade mais aussi son entourage proche. Comme beaucoup de maladies ou de handicaps, la maladie d'Alzheimer ne se contente pas de frapper un individu, elle atteint aussi tout le système dans lequel il évolue, en particulier le microsystème familial.

Cependant, en règle générale, face à la plupart des autres maladies, la famille, les amis se sentent proches du malade, compatissent et accompagnent. La réaction peut être tout autre avec un malade Alzheimer qui ne donne pas forcément l'impression de souffrir, qui peut être agressif, distant, ailleurs, en tout cas souvent a priori incohérent et donc incompris, d'où parfois le rejet parce que les proches ne savent pas comment s'y prendre et s'épuisent. Mais ce renoncement risque d'avoir un coût et des conséquences à la fois pour le malade lui-même qui sera privé de sollicitations et de rapports affectifs mais aussi pour l'entourage qui risque de culpabiliser et de regretter à un moment donné cet abandon.

Ce que nous voulons montrer, c'est que, malgré la maladie, des possibilités de communication existent, que l'homme ou la femme est toujours présent derrière le malade. Seulement, il agit, réagit désormais différemment, entre autres parce que son fonctionnement intellectuel est devenu très différent et qu'il n'appréhende plus notre monde de la même manière puisqu'il vit désormais dans un monde où interfèrent le présent, le passé et même l'imaginaire.

Un malade Alzheimer peut aussi être heureux. Pour cela il faut d'abord que son environnement soit adapté et surtout que les liens avec les proches soient maintenus. L'objectif de cet ouvrage est de tenter de donner à ces proches les moyens de maintenir ces liens et d'atténuer leur propre souffrance, ce qui, sans doute, pourra avoir un effet positif sur l'état du malade, en tout cas sur son bien-être et sa qualité de vie.

Une communication de qualité, une clé essentielle

C'est essentiellement sur les capacités de communication que nous insistons car cela nous semble essentiel : si le lien peut perdurer, si les échanges persistent, alors les choses vont être différentes. Certes, cela n'empêchera pas l'évolution de la maladie, même si cela pourra vraisemblablement modifier le rythme de l'évolution, mais cela se fera dans un contexte différent et on peut espérer éviter l'apparition des troubles surajoutés et surtout un confort de vie plus grand pour tout le monde. Pour cela il faut d'abord bien connaître la maladie et avoir une autre lecture du comportement du malade. Il faut surtout savoir s'adapter, accueillir le mouvement, les changements inévitables qui accompagnent la maladie et en particulier, il faut savoir adapter sa communication aux troubles du malade en évitant de penser que tout ce qu'il dit est forcément incohérent puisqu'il est dément.

Évidemment ce n'est pas simple. Cet ouvrage tente de donner des explications et des conseils mais il est nécessaire que les proches se fassent aider. Des professionnels peuvent apporter ce soutien. En ce qui concerne la communication, il est recommandé de consulter un orthophoniste. Il est en effet nécessaire tout d'abord de réaliser une évaluation précise des capacités du malade, en particulier de communication. Cela permettra au professionnel de mettre en place son approche thérapeutique mais aussi, et peut-être même surtout, de guider l'entourage afin que, au quotidien, il sache adapter sa communication aux difficultés du malade pour l'aider à exprimer sa pensée, ses désirs et qu'ainsi il puisse saisir ce que l'épouse, le mari, la mère, le père, l'ami veut lui dire.

C'est aussi cela qui est important : ce n'est pas parce que ce proche est malade qu'il n'a rien à dire, rien à exprimer, au contraire. La longue expérience que j'ai auprès de ces malades m'a convaincu qu'ils ont souvent beaucoup de choses à dire et souvent même des choses enfouies au fond d'eux-mêmes que la maladie libère. Le problème est qu'ils n'ont souvent plus les moyens de les exprimer de manière « normale », que ces choses du passé sont mélangées avec d'autres du présent. Et puis, tout n'est pas toujours noir, je connais des malades Alzheimer qui respirent la joie de vivre, certes anosognosiques, mais qui vivent heureux dans un monde où tout va bien, et avec qui la discussion permet de passer un joyeux moment. Pourquoi s'en priver ? D'autres ont une parole plus neutre, d'autres ont choisi de se taire… Toutes ces différences que l'on retrouve chez ceux qui appartiennent au monde que l'on dit normal !

Alors que ce soit pour entendre l'expression d'une souffrance, d'une joie de vivre, des banalités, comme pour toute autre personne, il paraît normal de prêter une oreille attentive aux malades d'Alzheimer. Le problème réside dans le fait qu'ils n'ont plus les mêmes moyens qu'avant pour exprimer tout cela, il faut donc que l'interlocuteur prête plus qu'une oreille. Il doit aider, tendre des perches, s'adapter, faire preuve d'indulgence et de discernement, comme nous avons tenté de le montrer dans les chapitres de cet ouvrage. Nous avons souligné l'importance de cette approche de la maladie, à la fois pour les malades mais aussi pour leurs proches.

J'irai plus loin en disant que c'est aussi important pour la société, qui déjà est confrontée à une démographie galopante des personnes Alzheimer et va l'être encore davantage dans les années qui viennent. Continuer à entendre et respecter la parole d'une personne, fût-elle atteinte d'Alzheimer, c'est continuer à lui garder une place dans la société et c'est retarder voire éviter la mise à l'écart, autrement dit c'est éviter une institutionnalisation prématurée qui a évidemment un coût. C'est aussi éviter d'avoir recours à des traitements médicamenteux inappropriés et onéreux. Au-delà de l'aspect financier, c'est aussi, me semble-t-il, important qu'une société se donne les moyens d'éviter la mise à l'écart d'une partie de sa population parce qu'elle s'éloigne trop de la norme.

Communiquer avec un malade Alzheimer jusqu'au bout de son parcours reste un beau challenge, et quand on le réussit avec un de ses proches, on peut en être fier parce que, sans doute, on lui a épargné d'être mis à l'écart, avec toutes les conséquences que l'on sait, et on s'est épargné un sentiment de culpabilité.

Bibliographie

AUBERT-GARAÏALDE, O., ROUSSEAU, T., GATIGNOL, P. (2012), « Étude de la perception des émotions dans la maladie d'Alzheimer », *Revue neurologique*, 168, CO 98,186.

BLANC, M., ROUSSEAU, T. (2009), « Sexualité, démence et institution gériatrique », *Revue francophone de gériatrie et de gérontologie*, XVI, 154, 218-226.

BROUILLET D., SYSSAU A. (eds) (2000), *Le vieillissement cognitif normal*, Bruxelles : De Boeck Université.

CAVROIS, A., ROUSSEAU, T. (2008), « Création d'un questionnaire dans le cadre de l'approche écosystémique. Comment l'aidant principal apprécie-t-il les capacités communicationnelles de son proche atteint de maladie d'Alzheimer ? », *Glossa*, 105, 20-36.

DELABY, S., ROUSSEAU, T., GATIGNOL, P. (2011), « Intérêt d'une thérapie écosystémique chez des patients âgés ayant une maladie d'Alzheimer sévère », *NPG Neurologie, Psychiatrie, Gériatrie*, 11, 63, 124-132.

DELAMARRE, C. (2011), *Alzheimer et communication non verbale*, Paris : Dunod.

GOBÉ, V., GRIMAUD, M., MARTIN, F., ROUSSEAU, T. (2003), « Influence du thème d'interlocution et du support visuel sur les compétences de communication des déments de type Alzheimer », *Glossa*, 85, 74-78.

HAS (2011), *Recommandations professionnelles : diagnostic et prise en charge de la maladie d'Alzheimer et des maladies apparentées,* Saint Denis : HAS. www.has-sante.fr.

JAUNY, D., MOUTON, C., ROUSSEAU, T. (2011), « Influence des gestes de l'interlocuteur sur les actes de langage des malades d'Alzheimer », *Glossa*, 109, 93-114.

LABORDE, F. (2003), *Ma mère me rend folle*, Paris : J'ai lu.

LE GALL, K., ROUSSEAU, T. (2007), « Le couple face à la maladie d'Alzheimer. Étude des déterminants du maintien des liens de communication », *Revue francophone de gériatrie et de gérontologie*, XIV, 140, 542-547.

MAISONDIEU, J. (2001), *Le crépuscule de la raison*, Paris : Bayard.

PLOTON, L. (2010), *Ce que nous enseignent les malades d'Alzheimer*, Paris : Éditions Chronique sociale.

REXAND-GALAIS, F. (2003), *Psychologie et psychopathologie de la personne*, Paris : Vuibert.

ROUSSEAU, T. (2012), « Évaluation longitudinale de l'efficacité de la thérapie écosystémique des troubles de la communication dans la maladie d'Alzheimer », *Revue neurologique*, 168, 187.

ROUSSEAU, T. (2011), *Maladie d'Alzheimer et troubles de la communication*, Paris : Elsevier Masson.

ROUSSEAU, T. (2011), « Communiquer avec un personne âgée démente », *Revue francophone de gériatrie et de gérontologie*, XVIII, 172, 82-85.

ROUSSEAU, T. (2011), « Communication et émotion dans la maladie d'Alzheimer », *NPG Neurologie, Psychiatrie, Gériatrie*, 11, 65, 221-228.

ROUSSEAU, T., GIARDINI, M., JOYEUX, N. (2010), *Programme d'information et de formation des aidants à la thérapie écosystémique dans la maladie d'Alzheimer (CD-rom)*, Isbergues : Ortho-Edition.

ROUSSEAU, T. (2009), « Communiquer avec une personne âgée », *Revue francophone de gériatrie et de gérontologie*, XVI, 156, 316-319.

ROUSSEAU, T., FROMAGE, B., TOUCHET, C. (2009), « Interaction entre le sujet âgé et son environnement », *NPG Neurologie, Psychiatrie, Gériatrie*, 9, 45-52.

ROUSSEAU, T., DE SAINT ANDRÉ, A., GATIGNOL, P. (2009), « Évaluation pragmatique de la communication des personnes âgées saines », *NPG Neurologie, Psychiatrie, Gériatrie*, 9, 53-54, 271-280.

ROUSSEAU, T. (2009), « Preliminary results of a study measuring the efficiency of ecosystemic therapy for the communication disorders of Alzheimer », *The Journal of Nutrition, Health and Aging*, 13, supplément 1, 317.

ROUSSEAU, T. (2008) (ed), *Les approches thérapeutiques en orthophonie. Tome 4 : les pathologies d'origine neurologique*, 2ᵉ édition. Isbergues : Ortho-édition.

ROUSSEAU, T. (2007), *Communication et maladie d'Alzheimer. Évaluation et prise en charge*, 3ᵉ édition, Isbergues : Ortho-édition.

Rousseau, T. (2007) (ed), *Démences : orthophonie et autres interventions,* Isbergues : Ortho-édition.

Rousseau, T., Métivier, K. (2007), « L'imitation utilisée pour canaliser l'agitation dans la démence de type Alzheimer. Étude de cas », *NPG Neurologie, Psychiatrie, Gériatrie,* 7, 41, 31-40.

Rousseau, T., Barrier, C. (2007), « Un atelier de musique thérapeutique et son incidence sur la communication de personnes institutionnalisées atteintes d'une démence de type Alzheimer », *La Revue de musicothérapie,* XXVII, 2, 26-44.

Rousseau, T., Loyau, M. (2006), « L'influence du lieu de vie sur la communication des malades Alzheimer », *NPG Neurologie, Psychiatrie, Gériatrie,* 31, 43-49.

Rousseau, T. (2006), *Évaluation cognitive, évaluation des capacités de communication, thérapie écosystémique des troubles de la communication : Gecco (CD-rom),* Isbergues : Ortho-Edition.

L'auteur

Thierry ROUSSEAU est orthophoniste, docteur en psychologie et habilité à diriger des recherches (HDR).

Il exerce son activité de praticien en cabinet libéral et en milieu institutionnel (services hospitaliers, Établissement hospitalier pour personnes âgées dépendantes comprenant notamment une unité pour personnes âgées dépendantes et une unité d'hébergement renforcée accueillant des personnes atteintes de maladie d'Alzheimer ou maladies apparentées).

Il est, par ailleurs, chargé d'enseignement à l'université en psychologie (Angers) et en orthophonie (Paris, Nantes) et anime régulièrement des séminaires de formation à l'intention des orthophonistes et des soignants travaillant en milieu gériatrique.

Il est aussi chercheur associé au sein du laboratoire de psychologie de l'université d'Angers (LUNAM Université – LPPL UPRES EA 4638) et directeur du laboratoire Unadréo de recherche clinique en orthophonie (LURCO).